读懂乡村中国系列丛书

“三治”结合：新时代中国乡村治理体系研究

李 明 张丽薇 张 月 著

中国农业出版社
北 京

读懂乡村中国系列丛书

DUDONG XIANGCUN ZHONGGUO XILIE CONGSHU

编 委 会

本书著者：李　明　张丽薇　张　月

著者单位：吉林农业科技学院

总 序

乡村是具有自然、社会、经济特征的地域综合体，兼具生产、生活、生态、文化等多重功能，与城镇互促互进、共生共存，共同构成人类活动的主要空间。习近平总书记 2020 年 12 月 28 日在中央农村工作会议上指出："我国自古以农立国，创造了源远流长、灿烂辉煌的农耕文明，长期领先世界。纵览历朝历代，农业兴旺、农民安定，则国家统一、社会稳定；农业凋敝、农民不稳，则国家分裂、社会动荡。到了近代，列强入侵，内忧外患，农村荒凉，民不聊生。"历史一再证明，乡村兴则国家兴，乡村衰则国家衰。

在中国特色社会主义新时代，我国人民日益增长的美好生活需要和不平衡不充分的发展之间的矛盾在乡村最为突出，我国仍处于并将长期处于社会主义初级阶段的特征很大程度上表现在乡村。在全面建成小康社会之后全面建设社会主义现代化强国，最艰巨最繁重的任务在农村。在世界百年未有之大变局下，稳住农业基本盘、守好"三农"基础是应变局、开新局的"压舱石"。对我们这样一个拥有 14 亿多人口的泱泱大国而言，"三农"向好，全局主动。因此，民族要复兴，乡村必振兴。实施乡村振兴战略，是解决新时代我国社会主要矛盾、实现"两个一百年"奋斗目标和中华民族伟大复兴中国梦的必然要求，具有重大现实意义和深远历史意义。

实施乡村振兴战略，是党的十九大作出的重大决策部署，是决胜全面建成小康社会、全面建设社会主义现代化国家的重大历史任务，是新时代做好"三农"工作的总抓手。实施乡村振兴战略，是实现国家富强、民族复兴的应然之举。实施乡村振兴战略是建设现代化经济体系的重要基础，实现农村一二三产业深度融合发展，有利于推动农业从增产导向转向提质导向，增强我国农业创新力和竞争力；实施乡村振兴战略是建设美丽中国的关键举措，统筹山水林田湖草系统治理，加快推行乡村绿色发展方式，加强农村人居环境整治，有利于构建人与自然和谐共生的乡村发展新格局，实现百姓富、生态美的统一；实施乡村振兴战略是传承中华优秀传统文化的有效途径，深入挖掘农耕文化蕴含的优秀思想观念、人文精神、道德规范，有利于在新时代焕发出乡风文明的新气象；实施乡村振兴战略是健全现代社会治理格局的固本之策，加强农村基层基础工作，健全乡村治理体系，有利于打造共建共治共享的现代社会治理格局，推进国家治理体系和治理能力现代化；实施乡村振兴战略是实现全体人民共同富裕的必然选择，不断拓宽农民增收渠道，全面改善农村生产生活条件，促进社会公平正义，有利于增进农民福祉，让亿万农民走上共同富裕的道路，汇聚起建设社会主义现代化强国的磅礴力量。

作为国家布局在吉林省的农业高等院校、国家级卓越农林人才教育培养计划改革试点院校、吉林省转型发展示范高校，吉林农业科技学院突出"农"字号大学的办学特色，充分发挥涉农专业优势，以立德树人为根本，强农兴农为己任，以习近平新时代中国特色社会主义思想为指导，深刻领悟"两个确立"的决定性意义，以推进农业和农村现代化为目标，大力实施助力乡村振兴战略，坚持发挥党建引领作用，以学院党委领航，增强服务乡村振兴的"动力源"，积极推进党建结对互助，做到与对接点需求和资源禀赋结合，与学校专业学科特点、优势结合，与结对基层党组织需求结合，因地制宜开展党建帮扶结对工作。按照习近平总书记"保护好黑土地这一'耕地中的大熊猫'""粮食安全是国家安全的重要基础""农业现代化，关键是农业科技现代化"等相关指示要求，学院立足自身的科技优势、师资优势、专业优势、人才优势，依托15个助力乡村振兴专家工作站主动融入吉林省黑土地保护工程、深入吉林"田间地头"，攻克关键性共性技术难题，用自身的专业优势助力吉林省"藏粮于地、藏粮于技"，坚定扛起国家粮食安全的高校责任，为新时代吉林省全面振兴、全方位振兴提供坚强科技支撑。

“读懂乡村中国系列丛书”的编写就是在学院大力实施助力乡村振兴战略的背景下，以习近平新时代中国特色社会主义思想为指导，以习近平有关“三农”工作论述为指引，为学院大力实施助力乡村振兴战略提供理论支撑、实践指导。丛书的编写工作得到了学院党委的高度重视，得到了学院科技处的大力支持，全体编写老师定当不负众望，以高度的政治责任感，精益求精，写出高质量的书稿。

由于丛书在撰稿过程中参阅、引用了许多专家、学者的著述，在此，对他们创造性的成果表示崇高的敬意和衷心的感谢！由于著者水平有限、时间有限，加之缺乏一定的实践经验，丛书中存在的疏漏之处，敬请读者批评指正。

“读懂乡村中国系列丛书”编委会

2023年2月

前言

中国乡村治理有着悠久的历史和文化传统，形成了中华民族所特有的精神记忆、资源禀赋和治理艺术，积累了丰厚的自治、法治、德治的社会治理基础。进入新时代，国家大力推动经济高质量发展，开展了全面深化改革、全面依法治国、全面从严治党等一系列建设中国特色社会主义的伟大事业，在取得举世瞩目成就的同时，积累了丰富的社会治理技术和经验。党的十九大提出要“打造共建共治共享的社会治理格局”“健全自治、法治、德治相结合的乡村治理体系”的创新社会治理思想。党的二十大提出健全共建共治共享的社会治理制度，提升社会治理效能，畅通和规范群众诉求表达、利益协调、权益保障通道，建设人人有责、人人尽责、人人享有的社会治理共同体。

“三治”结合乡村治理体系是指中国特色社会主义进入新时代以来，在社会主要矛盾转变以及国家治理体系和治理能力现代化背景下催生出的以自治、法治、德治为重心的社会治理理念、机制、技术、格局等一系列乡村社会创新治理的总称。其内涵包括了治理结构、治理机制、治理理念，其特征突出表现为治理结构、治理功能、治理技术创新。新时代的创新社会治理既厚植于传统中国得天独厚的乡土文化基因，又熔铸于近现代中国共产党领导人民推动中国社会激越变革的奋进精神、革命文化，更植根于中国特色社会主义伟大实践和新时代以人民为中心的现代化创新社会治理理念，表现出强大的道路优势、理论优势、制度优势、文化优势，是新时代完善和发展中国特色社会主义制度，推进国家治理体系和治理能力现代化的必然选择。研究新时代“三治”结合乡村治理体系，必须融通历史和未来，融合传统与现代，聚焦传统农业乡土社会，对标沿海发达乡村，沿着从历史到现在，从理论到实践，从问题到对策的路径，讲清新时代背景下"三治"结合乡村治理体系的内涵特征、理论基础、衍生过程、结构类型，在明确新时代"三治"结合乡村治理体系建设中存在问题的基础上缕析其发展思路，廓清其建设路径。

第一，新时代"三治"结合乡村治理体系具有鲜明的内涵，呈现出内在理念与外部结构的映衬特征。通过界定新时代"三治"结合乡村治理体系概念，理清自治、法治、德治"三治"关系和类型，明确本书对"三治"研究的侧重和指向。在进一步分析论述阐明新时代"三治"结合乡村治理体系内涵的基础上，提炼和概括出新时代"三治"结合乡村治理体系的特征。

第二，新时代"三治"结合乡村治理体系具有深厚的思想理论基础，呈现出底层架构、中层支撑，本土生长、外部滋养的理论结构。马克思主义是我国的政治文化底色，坚持马克思主义在意识形态领域的指导地位的根本制度是中国特色社会主义制度在意识形态和文化领域的具体体现。马克思主义经典作家的社会治理思想，蕴含着大量涉及人民自治、人民法治、合作治理的思想，这些思想理论资源是新时代"三治"结合乡村治理体系的底层理论架构。中国共产党领导人民在新民主主义革命时期的村庄治理、组织农民、文化改造的思想历久弥新、悠远绵长，在中国共产党红色文化一脉相承的精神谱系滋养下生长出繁茂的枝叶——进入新时代以来的创新社会治理的思想，其成果璀璨夺目。这些在中国社会百年激越变革中陶冶、打磨的中国化时代化马克思主义的理论成果为新时代"三治"结合治理体系建设提供了中层支撑。中华优秀传统文化历经千年沉淀和传承，为中华民族保持了坚定的民族自信和强大的修复能力，培育了共同的情感和价值。其中，农耕文化、传统中国的治理文化及近代以来的乡村建设思想，为新时代"三治"结合乡村治理体系提供了接续传统与现代、保存内生动力的文化与共识。最后乡土政治学理论、"善治"理论和乡镇自治理论等乡村社会治理理论为新时代的乡村治理提供了强大的外部理论滋养。

第三，新时代"三治"结合乡村治理体系具有深刻的历史演进和生长条件，呈现出历史与现实相辅相成的映照特征。我国乡村治理体系经历了从中华人民共和国成立初期的“管控型”治理到改革开放新时期的“管理型”治理，再到党的十八大以来中国特色社会主义新时代的“创新型”治理体系的发展历程，每一时期的治理结构和特点都与当时社会的主要矛盾和时代特征交相辉映、互为表里。进入新时代以后，在党的领导下国家大力推动国家治理与乡村治理体系建设，取得了一系列辉煌成就，使国家治理与乡村治理的有机联动得以实现，共治共建共享的社会治理格局进一步确定，乡村治理的制度体系不断完善，农村基层党组织得到充分发展。这些历史发展的经验智慧和现实互构的发展成就，为新时代“三治”结合乡村治理体系研究提供了历史和现实的依据条件。

第四，新时代“三治”结合乡村治理体系具有复合式的结构内核，呈现出权力与结构、功能与类型相依托的类型特征。权力是政治的核心问题，同时也是治理不可或缺之物。新时代的社会治理围绕着多元主体、治理权力、组织结构搭建起新时代“三治”结合乡村治理体系的整体结构。其中，不同的治理主体依据不同的权力授予、权力结构、工作机构，在整个治理体系中发挥着殊途同归的治理作用，形成特定的关系和功能结构，衍生出不同的“三治”类型：沿海地区基本实现现代化的利益密集（人口流入）乡村和中西部传统农业地区（人口流出）乡村。本书通过在资源禀赋、社会结构、人文情结等多个角度比较和分析两类不同的“三治”结合乡村治理类型，归纳出“三治”结合体系的初步建设思路。

第五，新时代“三治”结合乡村治理体系建设仍存在普遍性问题，呈现出理念与认知、主体与技术的滞后和偏差。审视国家大力推进“三治”结合治理建设过程中凸显出的共性化问题：对“三治”结合治理体系建设表现出“模板趋同化”“形式化”“治理碎片化”、多元主体配合不足等问题进行分析思考、条分缕析。讲清当下“三治”结合乡村治理体系建设问题的归因：理论认知滞后、主体推动乏力、技术支撑欠缺，为新时代“三治”结合乡村治理体系建设提供参考和借鉴。

第六，新时代“三治”结合乡村治理体系具有整体、清晰的建设路径，呈现出“顶层格局—中层路线—底层对策”的路径结构。针对新时代"三治"结合乡村治理体系建设中存在的问题和原因，新时代"三治"结合乡村治理体系建设的思路要沿着整体规划构筑多元共治格局；普遍明晰自治、法治、德治有效结合思路导向；具体搭建党建领导融合机制、加大主体培育力度、优化体系共治功能、夯实文化权力结构等实践策略。在切实把握历史与现实、经济与政治、制度与文化、传统乡土文化与现代商业文明，立足国情、把握时代脉搏，建设符合中国国情特色的、充分彰显社会主义制度优势的新时代"三治"结合的乡村治理体系，为实现乡村振兴、打造充满活力的善治乡村、建设社会主义现代化国家提供强大的动力支撑和制度保障。

目　录

第一章 绪 论

乡村是具有自然、社会、经济特征的地域综合体，兼具生产、生活、生态、文化等多重功能，与城镇互促互进、共生共存，共同构成人类活动的主要空间[①]。我国人民日益增长的美好生活需要和不平衡不充分的发展之间的矛盾在乡村最为突出，我国仍然处于社会主义初级阶段的主要表现很大程度上体现在乡村。可以说全面建设社会主义现代化强国，最艰巨最繁重的任务在农村，最广泛最深厚的基础在农村，最大的潜力和后劲也在农村[②]。乡村振兴，是解决我国新时代社会主要矛盾、实现"两个一百年"奋斗目标和中华民族伟大复兴中国梦的必然要求，具有重大的历史和现实意义。乡村作为乡村治理体系最基本的治理单位，其治理的好坏决定着未来乡村社会的转型发展，也体现了国家治理现代化的整体水平。乡村治理体系作为国家治理体系的重要组成部分，乡村治理的水平与效能是关乎国家长治久安的重大政治问题。因此，研究中国乡村社会，寻求新时代建设乡村治理体系的突破口，进一步提升乡村治理水平，有着重要的理论价值和现实意义。

中国社会乡村治理有着悠久的历史和文化传统，形成了中华民族所特有的精神记忆、资源禀赋和治理艺术，积累了丰厚的社会治理文化基础。进入新时代，国家大力推进乡村现代化建设，实施了乡村振兴战略、全面深化改革推进国家治理体系和治理能力现代化等一系列建设中国特色社会主义的伟大事业，在取得举世瞩目成就的同时，形成和积累了独具特色的乡村治理体系和思想文化。2017 年 10 月，党的十九大提出"打造共建共

---

① 本书编写组．脱贫攻坚与乡村振兴衔接：概论［M］．北京：人民出版社，2018：126.

② 本书编写组．习近平关于"三农"工作论述摘编［M］．北京：人民出版社，2018：11.

治共享的社会治理格局""健全自治、法治、德治相结合的乡村治理体系"的社会治理创新思想。2021 年 11 月，"健全党组织领导的自治、法治、德治相结合的城乡基层治理体系"作为国家治理重大成就写入《中共中央关于党的百年奋斗重大成就和历史经验的决议》，成为我国在推进国家治理体系和治理能力现代化建设、建设社会主义现代化国家征程上的重要价值导向和实践指南。2022 年 10 月，党的二十大报告强调，完善社会治理体系，健全共建共治共享的社会治理制度，提升社会治理效能，畅通和规范群众诉求表达、利益协调、权益保障通道，建设人人有责、人人尽责、人人享有的社会治理共同体①。国家治理的基础在基层，薄弱环节在乡村。党中央提出的乡村振兴战略，是加强农村基层基础工作，建设乡村治理体系，健全现代社会治理格局的固本之策。乡村治理着眼于乡村社会的自主管理实现有序发展②。乡村社会能否振兴，乡村治理是关键。乡村治理作为实现国家治理体系和治理能力现代化的基础性环节，是实现产业兴旺的"助推器"，是实现生态宜居的"保障线"，是实现乡风文明的"黏合剂"，是实现生活富裕的"发酵剂"。乡村振兴，治理有效是基础。在当下乡村资源大量流出的背景下，只有真正夯实乡村治理的基础性框架和条件，治理有效才可能真正实现；只有通过建立健全党委领导、政府负责、社会协同、公众参与、法治保障、科技支撑的现代乡村社会治理体制，以自治增活力、以法治强保障、以德治扬正气，确保乡村社会充满活力、和谐有序的善治乡村才能成为现实③；只有党组织领导的自治、法治、德治相结合的乡村治理体系更加完善，共建共治共享的现代社会治理格局更加稳固，人人有责、人人尽责、人人享有的社会治理共同体更加成熟，具有中国特色的新时代社会主义现代化乡村治理体系才能真正完善。

---

① 本书编写组．党的二十大报告辅导读本［M］．北京：人民出版社，2022：123.

② 贺雪峰．乡村治理研究的三大主题［J］．社会科学战线，2005（1）：219.

③ 北京师范大学中国扶贫研究院．全面推进乡村振兴：理论与实践［M］．北京：人民出版社，2018：303.

第一节 研究背景及研究意义

一、研究背景

“当前中国处于近代以来最好的发展时期，世界处于百年未有之大变局。”① 经历改革开放40余年的飞速发展，中国迎来了民族崛起的伟大时刻。相较外部世界的大变局，中国的乡村社会同样经历着重大变局：一是沿用千年的农业税的取消，国家与农民关系发生转变，乡村振兴战略的实施代表着农业补给工业的历史已经告一段落；二是市场经济改变了农村传统社会的结构，建立在地缘关系上的血缘共同体的瓦解，直接造成农村基础性社会结构的改变；三是市场经济的商业逻辑重塑了人们的底层思维结构，重新定义了农民对于生命意义的认识，人们的价值观之变造成当今社会最为深刻的变化②。

市场经济给中国社会带来的改变是全方位的。市场经济的流动属性打破了乡村社会自给自足的封闭边界。开放的村庄和可以自由流动的村民，扰乱了人们对过往循环往复的乡土社会的稳定预期。在行为规范上，人们的生活空间开始向村庄外部的经济社会扩展，这使传统礼俗和村庄舆论的效力对人们的影响大不如前。在思维习惯上，与过往计划经济体制的行政逻辑不同，全新的经济生产方式带给村民更多按照理性算计来决定行为方向的理由。市场经济所造成的极化效应使沿海地区的乡村实现了更快的经济发展，这些经济资源不仅哺育着现代的关系，而且滋润着传统的关系③。这使很多经济快速发展乡村的市场经济与传统复兴一并呈现，并且相互支持、共同生长，突出表现为东南沿海地区的传统与现代结合的法德共治（如浙江温州、德清）。与之形成鲜明对比的是中西部乡村的人财物资源不断流入城市和东部经济发达地区，村庄日益衰落。这些地区的乡村

---

① 佚名．习近平在中央外事工作会议上强调坚持以新时代中国特色社会主义外交思想为指导努力开创中国特色大国外交新局面［J］．人民周刊，2018（12）．

② 贺雪峰．大国之基：中国乡村振兴诸问题［M］．北京：东方出版社，2019：23．

③ 极化效应：纲纳・缪达尔认为极化效应是指一个地区只要它的经济发展达到一定水平，超过了起飞阶段，就会具有一种自我发展的能力，可以不断地积累有利因素，为自己进一步发展创造有利条件。参见贺雪峰．大国之基：中国乡村振兴诸问题［M］．北京：东方出版社，2019：23．

不仅现代社会关系生长缓慢，传统的社会关系也因为得不到足够的资源滋润而日益凋敝。进入新时代，传统的村落共同体仍然是广大农民生产、生活的基础所在。然而，面对市场经济愈发急促的洪流，传统社会的"无为而治"已是捉襟见肘，迫切需要全新的现代基层治理理念。

进入新时代，党和国家从社会主义现代化建设的全局出发，深刻把握新时代背景下国家治理体系建设要求，顺应亿万农民对美好生活的向往，将实施乡村振兴确立为健全现代社会治理的固本之策①。2019 年中共中央办公厅、国务院办公厅印发《关于加强和改进乡村治理的指导意见》进一步明确提出，"坚持把夯实基层基础作为固本之策""到 2035 年，乡村公共服务、公共管理、公共安全保障水平显著提高，党组织领导的自治、法治、德治相结合的乡村治理体系更加完善，乡村社会治理有效、充满活力、和谐有序，乡村治理体系和治理能力基本实现现代化"。回顾中国的乡土治理历史，自古以来就有"乡绅自治""德法共治""德主刑辅"的治理传统，但过往乡村治理都是自治、法治、德治相分离的运行逻辑，没有把三种治理方式纳入结合或者融合的框架中设计和探索②。直至进入新时代，沿海地区发达活跃的经济和文化催生出更多社会治理创新的动力，其中浙江嘉兴桐乡在以往单独强调基层自治的基础上有效结合法治和德治，总结出一套具有广泛推广价值的桐乡"三治融合"模式③，并被树立为通过社会治理创新调解和疏导经济社会发展利益纠纷的典型案例。2017 年党的十九大报告正式将建设"自治、法治、德治相结合的乡村治理体系"确立为我国乡村治理乃至城乡基层治理的主旋律和基调。此后，"三治"结合乡村治理体系的研究主题正式进入乡村治理和国家治理体系建设的理论研究视野。中国知网（CNKI）涉及研究乡村"三治"主题的 CSSCI 论文从 2017 年 10 月前的 5 篇增长到 103 篇④。可以说新时代"三治"结合乡村治理是一个理论与实践紧密关照的研究主题，既是乡村治理和国家治理现代化研究的理论要求，也是新时代创新和加

---

① 韩俊．关于实施乡村振兴战略的八个关键性问题［J］．政策瞭望，2018（5）：49－53．

② 钟海．"三治融合"基层社会治理创新研究［M］．北京：中国社会科学出版社，2021：41．

③ 2013 年桐乡提出自治、法治、德治"三治"融合。本书将 2017 年党的十九大报告中的"自治、法治、德治相结合的乡村治理体系"总结概括为"三治"结合。

④ 以"三治"为主题检索知网（CNKI）CSSCI 论文，2017 年 10 月前为 11 篇，其中涉及乡村治理的论文 5 篇，2017 年 10 月至今 103 篇。

强基层治理的现实需要。

二、研究意义

首先，新时代“三治”结合乡村治理研究是有效回应新时代背景下的国家乡村治理体系建设的需要。经历改革开放后40余年的经济发展，中国特色社会主义进入了新时代，国家与社会关系发生转变，传统的自上而下的社会管理模式难以应对新时代背景下的社会治理要求。党的十八届三中全会提出“完善与发展中国特色社会主义制度，推进国家治理体系和治理能力现代化”① 的国家建设方略，自此“治理”被提到国家现代化建设的高度。狭义层面的“治理”偏向技术层面，与改革开放时期的乡政村治“管理”大不相同，“治理”更强调的是社会层面的沟通、协调认同、共商、共建、共享，在“治理”的思路下社会的问题要求社会成员共同解决，社会的收益同样也是全体社会成员共同获取。广义层面的“治理”更侧重于实现社会的有效互动与良性的发展。当今中国的目标是实现中华民族的伟大复兴，这要求我们在经济、政治、文化、社会、生态等各个方面都要实现全方位的突破和提高。

进入新时代，社会主要矛盾转换，乡村在城市商业文明的侵蚀下日渐衰落，以中西部内地乡村表现最为明显——集体经济凋敝、人口老龄化、村庄空心化、传统乡土文化溃散等现象严重瓦解着乡村社会治理的经济、人力、文化基础。在这样的背景下，党和国家为在新时代推进国家治理，建设和营造乡村社会良性发展的整体化制度空间，从治理全局出发提出建设“自治、法治、德治相结合的乡村治理体系”②（以下简称“三治”结合体系）。新时代背景下“三治”结合乡村治理体系，要求以人民为中心，更加尊重人民群众的主体地位，通过自治实现人民的共治共建共享；通过法治规范群己界线③——既给社会自治划定界线，又通过法治划清自治与行政的权责边界；

① 王浦劬．新时代的政治与治政研究［M］．北京：人民出版社，2019：114.

② 中共中央党史和文献研究院．习近平关于“三农”工作论述摘编［M］．北京：中央文献出版社，2019：135.

③ 徐勇提出“自治以体，法德两用”，即以自治激发基层和群众的创造力，以法治合理规范群己界限，以德治强化对共同体的责任。参见：张文显，徐勇，何显明，等．推进自治法治德治融合建设，创新基层社会治理［J］．治理研究，2018（6）：5-8.

通过德治营造的治理文化认同实现社会的协商共治。在有效认清社会主要矛盾的条件下，新时代"三治"结合乡村治理体系是新时代背景下，实现国家现代化治理的底层框架，需要纵深理论研究和实践推进。

基层社会的治理是国家治理体系中的基础性环节。没有坚实稳固的基层社会治理，国家和社会治理现代化必然失去根基；没有不断创新的基层社会治理，国家治理现代化建设的推进必然失去动力。在这种背景下，"治理"的意义不单是给人们提供良好的社会环境、有秩序的生活，更应该突出的是实现国家与社会的互联、互构，在自上而下的建设中实现自下而上的支持与认同。当人们对国家和社会形成普遍的认同时，社会治理的主题才能凸显——现代化经济体系、法治国家、法治政府、法治社会全面建成，人民精神和物质文化达到新高度，人的全面发展、全体人民的共同富裕得以实现。在这种诉求下，国家的方方面面都是社会治理的主题——现代化强国的建成不光只是经济、政治的硬件方面的建设，没有广泛的社会层面的理解、支持和有效的互动是无法实现的。对此，本研究具有重大的现实意义。

其次，新时代"三治"结合乡村治理体系的研究拓展了有中国特色的基层治理现代化研究的深度和广度。20 世纪 80 年代，基层群众自治制度的建设，推动了基层社会治理成为理论研究的热点。现代治理理论最早源自西方，致使我国社会治理的起步研究常常在西方治理理论框架下进行分析和探索中国社会问题，从而造成嫁接外部理论到本土实际引致水土不服的问题。马克思主义经典作家鲜有直接论述"国家治理"主题的，但其理论成果中涵盖大量关于人民自治、国家法治、政党建设、农村集体农庄管理的思想资源。这些思想理论资源对新时代建设乡村治理体系，构建具有普遍解释力的中国本土乡村政治学具有现实意义。通过探究新时代"三治"结合的乡村治理体系"完善与发展中国特色社会主义制度，推进国家治理体系和治理能力现代化"①，对建设有中国特色的乡村治理体系有着重大意义。在新时代，乡村振兴战略为广大乡村社会发展提供历史性的舞台，众多乡村凭借地缘、人文、政治经济条件创设出具有地方特色的治理模式、治理技术。本书以地区经济发展差异为标准，区分沿海经济发达乡村和中西

① 王浦劬．新时代的政治与治政研究［M］．北京：人民出版社，2019：114.

部传统农业型乡村两类地区的“三治”结合乡村治理类型[①]。分析问题，探究原因，提出新时代“三治”结合乡村治理体系建设和发展的可行性建议和实践路径。

最后，新时代“三治”结合乡村治理研究有益于拓展乡村治理体系的建设路径。实现现代化是中国共产党领导中国奋进百年的伟大目标之一，这一历程先后经历了新民主主义革命时期的土地革命，社会主义建设时期的社会主义改造和改革开放时期的市场经济建设。在这一过程中不论是新民主主义革命时期的土地革命，社会主义改造时期的“全能式”社会管控，还是改革开放时期的市场经济管理，始终都是围绕着国家社会的主要矛盾的变化而调整变化。在各个时期的调整变化中，乡村治理始终都是中国社会治理的重心所在。进入 21 世纪，我国社会出现经济快速发展和社会急剧转型，传统农业地区的乡村普遍表现出人力、物力资源的流失，而经济资源流入的沿海地区乡村则因外来人口大量流入、土地价值飙升引发频繁纠纷的困扰。传统的乡村治理模式普遍表现出茫然无措的治理窘境。究其原因，主要表现在以下两个方面。

一方面，改革开放 40 多年来，市场经济的高度繁荣同时促使社会分化成为社会发展的重要特征。经济结构的持续变化带来了社会利益分化的不断加剧，社会利益的分化最终造成社会原有治理结构不断解体并呈现多元化态势。多元化的社会结构形成了社会需求的差异化、多样化和个性化，由此引发的重要结果就是基层社会治理公共事务日益繁杂，基层社会冲突和问题更加频发频现。乡村资源绝对流出，严重冲击了乡村自治的组织基础，加之市场经济的流动性让传统乡村的共同体治理文化趋于瓦解，而现代法治因治理成本高、规则刚性化，又缺失乡土社会的治理土壤，难以有效发挥实效。新时代，在新的经济条件下的乡村治理单独依靠自治、法治或是传统德治都往往难如人意，亟须通过“三治”结合这种结合式的社会治理模式创新进行有效化解。

另一方面，由于中华人民共和国成立以来的时代背景和历史环境，我国

---

① 中国乡村人口众多，东西南北地域差异较大，鉴于当下东部和西部乡村分化和差异最为突出明显，因此本书将乡村建设“三治”结合类型分为东西两类，并在此分类基础上分析和比较两大类乡村治理类型。

社会管理和社会治理往往强调政府一元主导的治理格局。计划经济时代主要通过政府主导的一元化治理实现低治理成本下的资源集聚，以高效完成工业化建设的历史任务。但这种政府主导的单向度一元化治理，忽视了基层社会和人民群众的声音，阻碍了国家与社会的互联与互应。改革开放以后，国家与社会关系发生转变，国家不再需要采用管制的办法实现政权建设。进入新时代社会主要矛盾发生转化，人们生活水平获得极大提高，对社会的要求也从过去单独以经济效益为指标向更为多元和人性化的标准看齐。因此，提升基层社会治理现代化水平和效能，必须通过重新配置城乡基层权力和权利，实现治理主体的均衡化、治理机制的制度化和治理结果的善治化。在这种背景下，"三治"结合基层社会治理创新探索的初衷和制度设计的目标就是要在维持基层社会有序运行的基础上，最大限度地释放基层社会更多自主治理的空间和能量，形成社会治理的强大合力，既保证乡村社会的稳定有序又赋予其自主活力。真正实现"'三治'结合治理体系以自治增活力，以法治强保障，以德治扬正气"① 的目的和效能。

总结我国进入新时代以来的"三治"结合治理体系建设，无论是"健全充满活力的基层群众自治制度"，还是"运用法治思维和法治方式，推进基层社会治理法治化建设"，抑或是"注重发挥家庭家教家风在基层社会治理中的重要作用"，都成了国家乡村治理创新方面理论研究与实践探索的焦点，成为推进国家治理现代化研究的有效着力点。换言之，不论是"三治"结合的理论建构，还是实践路径研究，抑或是"三治"结合的生成逻辑与结构框架研究，都有助于丰富国家治理现代化体系的科学内涵与框架结构，有助于拓展国家治理现代化研究的理论视野与实践视角。

第二节　国内研究现状

20 世纪 80 年代，村民自治制度确立为我国基本政治制度后，乡村治理研究迅速成为学术界关注的焦点。中国农村的基层治理研究汇聚了政治学、

① 北京师范大学中国扶贫研究院．全面推进乡村振兴：理论与实践［M］．北京：人民出版社，2018：303.

经济学、法学、社会学、人类学等众多学科专家学者的持续关注，产生了丰硕的成果。2017 年党的十九大报告提出建设“自治、法治、德治相结合的乡村治理体系”后，有关“自治、法治、德治”乡村治理体系的研究成为广泛的关注热点，由此产生众多理论成果①。当下，对于“三治”结合的研究主要集中在“三治”提法、“三治”构成要素、“三治”关系的研究方面。

一、“三治”的提法

“三治”结合是对党的十九大报告提出的建设“自治、法治、德治相结合的乡村治理体系”的简要表述。自治、法治、德治从古至今都是我国社会治理的主要策略。将自治、法治、德治结合的表述源于 2013 年浙江桐乡推行的“三治”融合的社会治理的实践举措。

从基层创新到全市推广与完善。在全面总结基层试点经验的基础上，桐乡和嘉兴两级市委、市政府先后出台相关文件，在桐乡市和嘉兴全市全面推广“三治”结合经验。2013 年 9 月，桐乡市积极探索特色鲜明的社会治理新路子，提出“德治扬正气、法治强保障、自治添活力”，全面开展“德治、法治、自治”建设工作。同年 11 月，嘉兴市制定出台《关于创新基层社会治理方式推进基层“德治、法治、自治”建设的指导意见（试行）》及工作方案，将试点范围扩大到嘉兴市各县（市、区）的 13 个镇（街）、26 个村（社）。围绕基层群众自治这一国家基本政治制度，桐乡市一方面强化德治引领，积极开展基层精神文明和道德建设，以此作为自治的“高线”；另一方面，强化法治保障，德治所依凭的道德是现代化新道德，必须符合现代法治精神，以此作为自治的“底线”。之后，桐乡市不断探索，在实践中总结经验，克服基层治理中的难点、痛点和堵点，持续将“三治”治理创新推向高点。“三治”治理工作创新得到了国家的重视和推广，开始进入国家层面建制新阶段。

2015 年，桐乡市结合习近平总书记关于社会治理的一系列重要讲话精神以及实践中遇到的具体问题，进一步抓好顶层设计和整体设计，制定出台

---

① 如前所述，2017 年知网（CNKI）关于“三治”主题的乡村治理研究论文呈爆炸式增长。

《关于进一步健全完善“三治”建设长效机制的实施意见》，着力抓好18项长效工作机制的建设。同时，嘉兴市在推广和完善“三治”建设中，将“三治”改称为“法治、德治、自治”体系。这一名称改变，一方面体现了问题导向，因为基层法治意识淡薄严重制约着基层有效治理；另一方面体现了中央文件精神和法治中国建设战略。2014年党的十八届四中全会通过《中共中央关于全面推进依法治国若干重大问题的决定》，依法治国成为国家治理的最高纲领。相应地，依法治理成为基层治理的优先原则。从探索到成型到推广，“三治”治理也得到政策红利的大力支持，国家制度建设把浙江地方治理创新推广到全国。

对于“三治”结合的研究以党的十九大为界，分为两个阶段。党的十九大之前的“三治”研究主要集中在对桐乡“三治”的提法与对“三治”在社会治理实践中效果的探讨和总结。对“三治”的提法呈现出“法治、德治、自治”“德治、法治、自治”等多种不同表述。2013年9月，根据桐乡《关于推进社会管理“德治、法治、自治”建设的实施意见》①，学者们将桐乡治理概括为“德治、法治、自治”基层社会治理体系，简称“三治”模式。张丙宣、苏舟（2016）较早地关注到沿海经济发达乡村的治理创新实践，将桐乡“三治”概括为“总体性”社会治理，认为“总体性”治理是未来我国通向现代化乡村治理的有效路径，就此将桐乡“三治”概括为“三治合一”。卢海燕（2017）描述了浙江德清的创新治理模式，提出了“三治”一体的概念。

党的十九大之后，“三治”结合相关理论研究进入深化和完善阶段。党的十九大之后，乡村振兴战略成为乡村治理研究的宏观背景。更多的学者将研究聚焦在“自治、法治、德治相结合”的主题上。从2013年到2017年党的十九大召开之前，以“乡村治理”为主题的论文共237篇，以“村民自治”为关键词的论文共86篇，以“村干部”为关键词的论文共54篇，以“乡村治理结构”为关键词的论文共17篇，以“乡村治理体系”为关键词的论文共9篇。2017年至今，“乡村治理”主题的论文共310篇，以“乡村振

① 参见桐委发〔2013〕42号文件，http：//www.tx.gov.cn/art/2014/3/4/art_1229401096_1789118.html.

兴战略”为关键词的论文共204篇，以“乡村治理体系”为关键词的论文共80篇，以“村民自治”为关键词的论文共73篇。从知网（CNKI）检索“乡村治理”主题CSSCI发文数量可以看出关于乡村治理体系研究已经成为学界关注的热点。

党的十九大之后，学术界关于“三治”的研究开始转向学理层面。“三治”提法逐渐与国家中央文件规范化表述贴合，如“‘三治’结合”“‘三治’融合”“自治、法治、德治相结合”等。其中以张天佐等表述的“三治”结合模式最具代表性①。嘉兴作为红船精神的发源地，孕育着“开天辟地、敢为人先的首创精神”②，驱动和滋养着当地社会经济、政治、文化的蓬勃发展。张文显认为与“枫桥经验”相对，浙江嘉兴作为红船首创精神发源地，桐乡“三治”融合的创新治理必然具有独立价值③。徐勇称桐乡“三治”融合为“优质的乡村治理典范”④。

总体来看，学术界关于“三治”的研究，在提法上与官方“三治”的说法趋于一致。“三治”的关系和结合形式由“结合”向“融合”演进⑤，总体上表现出“三治”研究在理论和实践两个维度层面的推进。

二、“三治”结合乡村治理体系构成要素

当前学术界对“三治”结合乡村治理体系的构成研究主要围绕治理主体、治理规则、治理工具等方面展开。

首先，关于“三治”结合的治理主体研究。无论是经济高质量发展的需要，还是新时代强调以人民为中心的治理诉求，新的治理体系建设必须激发基层社会活力和创造力。多元、广泛的社会治理主体是国家治理能力和治理体系现代化的题中应有之意。高其才指出我国乡村社会治理的主体结构和特

① 张天佐，李迎宾．强化“三治”结合　健全乡村治理体系［J］．农村工作通讯，2018（8）：18－21．

② 李明，朱哲．红船首创精神的历史意蕴和当代价值［J］．南京政治学院学报，2018（2）：63，68．

③ 张文显．“三治融合”的桐乡经验具有独立价值［J］．治理研究，2018（6）．5－8．

④ 徐勇．自治为体，法德两用，创造优质的乡村治理［J］治理研究，2018（6）．5－8．

⑤ 本书认为“融合”是更高水平的治理形态，现阶段广大中西部乡村社会尚无法达到“融合”。

征复杂，表现出公权属性、私权主体属性、自治主体属性等众多类型特征①。李亚冬认为"三治"结合体系需要自治主体、法治主体、德治主体等多元主体相互支撑作用②。陈寒非依据乡村治理权力来源，将乡村治理主体分为内源型、外源型、内-外联合型，这些主体在乡村"三治"结合治理中分别代表着自治型主体、法治型主体和德治型主体③。总的来说，新时代乡村治理体系要着力于建设党委领导、政府负责、社会协同、公众参与、法治保障，共治共建共享的治理格局，党委和政府是掌握政策和国家资源的治理主体，村民群众是发挥乡村治理活力和主动性的力量，乡村贤达作为乡村内部治理主体则是思想和文化价值上的关键力量，是弘扬新时代核心价值观、现代法治规范，接续传统乡土治理文化的枢纽性角色。

其次，关于"三治"多元规则的研究。社会良善的治理需要一套完备的秩序规则。规则既包括以法治为代表的正式规则，还包括以德治文化为代表的非正式规则。法治规则是国家权力支撑的硬规则，德治规则是代表文化认同的软规则。新时代"三治"结合乡村治理体系的法治框架，一方面需要依靠《中华人民共和国宪法》《中华人民共和国村民委员会组织法》为核心的国家法律、法规、政策等"正式"的硬性规则框定；另一方面也需要村庄内部自治章程、村规民约、乡村礼俗等"非正式"规则润色。池建华着重对村规民约进行研究，认为村规民约是国家法治与乡土内在规则有机结合的载体，是国家正式规则与乡村非正式规则的有机联接，对于建设"三治"治理具有启发意义④。陈寒非区分了乡村治理的正式规范、准正式规范以及非正式规范，并着重论述了作为非正式权力的乡规民约在乡村治理中的作用⑤。

最后，关于"三治"体系多元治理工具的研究。市场经济带来高度的社会分化的同时，也为社会治理创新提供了土壤。面对纷繁复杂的社会需求，

① 高其才．健全自治法治德治相结合的乡村治理体系［J］．农村·农业·农民，2019（3）：42－43.

② 李亚冬．新时代"三治结合"乡村治理体系研究回顾与期待［J］．学术交流，2018（12）.

③ 陈寒非．从自治、法治、德治三个维度完善乡村治理体系［J］人民法治，2018（7）：25.

④ 池建华．"三治融合"与当代乡村社会纠纷解决：以浙江桐乡丰收村一起房屋征收款分配纠纷为例［J］．上海政法学院学报，2019（5）.

⑤ 陈寒非．乡村治理中多元规范的冲突与整合［J］．学术交流，2018（11）：79－81.

新时代的乡村治理需要功能强大的社会治理工具。陈柏峰（2020）在《技术治理——基层社会治理模式的变迁与挑战》中对积分制的创新技术治理进行深入剖析，提出在社会主要矛盾转变的新条件下，积分制是在资源密集型地区实现有效治理的可行办法。黄君录、何云庵认为“三治”结合治理体系是可以实现正式制度和非正式制度有效融合的治理平台。配合信息时代的互联网、大数据、人工智能等现代技术将极大地拓展和深化“智能化”社会治理的广阔空间①。周学馨强调运用现代互联网技术，通过开展网络村务、网络政治参与等现代科技支撑，有效实现自治、法治、德治的乡村治理应用②。姜晓萍等提出，通过编制“三治”融合地方标准，引入全面质量管理工具，助推“三治”融合高质量发展③。

当下对治理主体的研究主要集中于治理主体、治理平台等方面，对创新“三治”结合有效治理工具的研究偏少。进入新时代，我国高精尖工业制造水平和科技实力已是一日千里，在这种背景下如何通过科技实力和工业制造助力社会治理和“智能”治理，将先进科技的制造成果投入社会建设、国家治理领域是当下社会治理领域的主攻方向。

三、“三治”关系研究

当前，学界对“三治”关系的研究主要体现为“一体两翼”“‘三治’融合”“多类型组合”三种类型。

第一，“一体两翼”中的“一体”为自治，主张自治是乡村治理的“本体”性存在。法治和德治是配合自治的“两翼”，其中法治提供保障和界限；德治提供文化认同和思想先导。何显明可以说是此类型研究最具代表性的学者：“‘三治’融合中大体上自治是主体，法治和德治是两翼”④，他认为在“三治”建设中法治、德治要配合自治调节人们的行为。村民自治研究的先行者徐勇同样认为“三治”融合应当是以自治为主体，以法治和德治固本和

---

① 黄君录，何云庵．新时代乡村治理体系建构的逻辑、模式与路径——基于自治、法治、德治相结合的视角［J］．江海学刊，2019（4）：226-232.

② 周学馨．以“三治”结合推动乡村治理体系整体性变革［J］．探索，2019（4）：156-163.

③ 姜晓萍，许丹．新时代乡村治理的维度透视与融合路径［J］．四川大学学报（哲学社会科学版），2019（4）：29-37.

④ 何显明．“三治合一”探索的意蕴及深化路径［J］．党政视野，2016（7）.

扶正的"自治为体，法德两用"模式①。邓建华也认为"自治为核心，共同发挥法治和德治之作用，最终实现乡村社会之善治"②。张景锋从现实运作角度论述了"一体两翼"治理结构的合理性，提出"三治"体系要"以村民自治为主体，以法治作为自治和德治的底线保障，以德治作为自治和法治的价值支撑"③。

总体来看，这一类观点的主要特征有：首先，整体论视角。自治、法治、德治有主有次，主次协调才能凸显其整体和系统的功效。其次，自治主体论强调自治是"三治"结合乡村治理的基本要求和归宿。农村村民自治制度是写入宪法的基本政治制度，是发展和建设我国民主政治的基本盘，这直接决定了自治在"三治"结合治理中的"主体"地位。最后，德法共治论。法治与德治是城乡基层社会治理体系有效运转的两大动力引擎，犹如车之两轮、鸟之两翼，共同驱动自治良性运转。单独来看，法治太"硬"，德治太"软"，自治太"任性"。

第二，"三治"融合论主张自治、法治、德治的完美融合，"你中有我，我中有你"可以说是当前学术界普遍持有的对"三治"的观点。郁建兴是这一观点的代表人物："'三治'融合"并非自治、法治与德治的简单相加和组合，而是相互作用、相互补充的有机整体"④。王晓莉通过对浙江桐乡"三治"融合的剖析，提出通过如桐乡"一约两会三团"的组织载体，可以有效实现村庄共同体的整合共建⑤。姜晓萍指出"三治"融合要通过以"三治"的良性互动机制促进"三治"的融会与贯通⑥。综合以上，"三治"融合论的主要观点认为：其一，自治、法治、德治三种治理方式统一于一个有机整体，"融合"的精髓是"融"，要义是"合"。其二，自治、法治、德治作为

---

① 徐勇．自治为体，法德两用，创造优质的乡村治理［J］．治理研究，2018（6）．5－8．

② 邓建华．构建自治法治德治"三治合一"的乡村治理体系［J］．天津行政学院学报，2018（11）：61－67．

③ 张景峰．新时代健全自治法治德治相结合乡村治理体系探讨［J］．河南科技大学学报（社会科学版），2018（6）：94－100．

④ 郁建兴，任杰．中国基层社会治理中的自治、法治与德治［J］．学术月刊，2018（12）：64－74．

⑤ 王晓莉．构筑社会善治的"三脚架"——破析桐乡"三治"融合的乡村治理机制［J］．中国领导科学，2019（3）：77－82．

⑥ 姜晓萍，许丹．新时代乡村治理的维度透视与融合路径［J］．四川大学学报（哲学社会科学版），2019（4）：29－37．

城乡基层治理中不可或缺的手段或方式，只有在融会贯通中发挥各自的功能作用，才能创造优质的基层治理品质。“自治激发活力，法治定分止争，德治润物无声”“自治增活力，法治强保障，德治扬正气”等是“三治”融合观点或者主张的集中体现。总而言之，自治、法治、德治优势互补、相辅相成，“三治”结合共同构筑维护社会和谐稳定和国家长治久安的治理体系。

第三，多类型组合的“三治”论认为自治、法治、德治三者具有不同功能和作用，需要通过两两组合或三者有效组合以实现善治。组合类“三治”的代表学者邓大才认为，单靠一种治理方式难以应对新形势下的社会治理。在国家治理能力和治理体系化建设的背景下，通往善治之路需要通过自治、法治、德治两两组合式及三者组合予以实现[①]。郁建兴、任杰通过充分论证，更是提出“三治”组合的七种模式，极大地拓展了“三治”体系的灵活性和适用性[②]。

总的来说，学界普遍认为自治、法治和德治不同属于一个治理层面。首先，就国家治理层面而言，自治属于乡村治理层面，法治属于国家治理层面，德治则属于社会和文化认同层面。其次，从阐释角度讲，“一体两翼论”侧重于功能层面阐释，“‘三治’融合论”侧重于治理的结构层面，“多类型组合论”侧重于实现善治的价值层面[③]。本书认为“三治”结合更适合传统农业型乡村这类治理资源有限、“三治”体系尚处于基本建设阶段的结构类型。“三治”融合的提法主要集中在江浙沿海已经基本实现现代化的资源密集型乡村，这类乡村无论是人口、地方财政、现代化技术都具备实现更高水平的“三治”建设的条件，可以有效实现治理资源的互通乃至融合。本书以“三治”结合为研究焦点，着重探讨传统农业型乡村“三治”结合的乡村治理体系建设。

---

① 邓大才．走向善治之路：自治、法治与德治的选择与组合：以乡村治理体系为研究对象［J］. 社会科学研究，2018（4）：32－38.

② 郁建兴，任杰．中国基层社会治理中的自治、法治与德治［J］. 学术月刊，2018（12）：64－74.

③ 钟海．“三治融合”乡村治理模式的审思与超越：以S省X县的实践为例［J］. 桂海论丛，2020（6）：94－102.

四、"三治"结合研究述评与展望

在实施乡村振兴战略的大背景下，乡村治理作为国家治理体系建设的主攻方向，已经取得一系列重要成果。在实践方面，农业农村部自 2019 年开始编写《全国乡村治理典型案例》，至今已经陆续出版和发行三批百余例典型范例，为乡村治理实践和理论研究提供了丰富的案例资源。在这些先进典型范例的引领和带动下，全国各地乡村也都在积极踊跃推进富有创新精神和本地特色的"三治"结合治理体系。如吉林长春市双阳区"1＋3＋N"治理体系；四川省巴中革命老区的"三治"融合治理体系；广西百色田阳县通过文明乡风推动的"三治"融合治理体系；山西沁源县的"三治"融合乡村治理体系。除去经济发达的沿海地区乡村作为乡村治理现代化建设的先锋外，广大中西部传统农业型乡村更是通过有限的治理资源和无限的为国家治理现代化事业作贡献的热情，推动我国新时代"三治"结合的乡村治理建设实践，使我国新时代"三治"结合乡村治理体系呈现出多样化、多层次、立体化的原生态治理结构。

在理论研究方面，学者们从治理体系的内在机制建设出发，对"三治"结合的各类型权利主体相互作用的体制、机制进行研究；在具体的治理思路方面，从"三治"结合的治理规范、治理规则、运行逻辑等思路出发，构筑出新时代治理的运行框架；在技术实操层面，对涉及"三治"结合治理平台的工具和要素的功能、效能、适用条件进行分析论证，勾勒出"三治"结合乡村治理体系的实践技术。可以说当下关于"三治"的研究，在研究深度、研究层次、实践效能等方面均有较大进展。

新时代"三治"结合乡村治理体系的建设和健全，要实现以人民为中心的动力导向推动过往以经济效益为目标的旧势能转换。这就需要政策制定者充分体察实际，制定一套有效激发治理主体意愿和动力的公共决策、制度。而理论研究工作则需要立足现实又先于现实，依据历史的、制度的、实践的立场、观点和方法为我国新时代乡村治理提供思路和指引。因此，新时代"三治"结合乡村治理体系建设要在国家整体治理体系的框架下、社会主要矛盾转化的社情和民情下分析和把握。

第三节　国外研究现状

国外主要从理论和实践两个层面对中国乡村治理问题展开研究。梳理其研究脉络和思路将为我国乡村治理研究的创新发展提供更多历史和国际的学术视野格局。

一、对中国传统乡村治理问题的研究

明恩溥（A. H. Smith）是最早研究中国农村社会生活的美国传教士。他在山东、河北地区传教时深入农村基层社会，其代表论著《中国乡村生活》[①] 是最早对中国农村社会结构、地理环境、文化制度、庙宇、宗教、市场、婚姻家庭等进行细致描绘刻画的作品，被誉为早期研究中国农村社会的经典之作。有“中国学研究的奠基人”之称的费正清，在其著作《美国与中国》中将中国社会描述为城市和乡村两个世界[②]，并指出乡村社会的主要管理者是乡绅，通过意识形态保证乡村社会的稳定。美籍华人学者杨庆堃，在 20 世纪 50 年代初根据自己在广东省广州市郊的鹭江村的调查，写成《共产主义过渡初期的中国村落》（1959）一书。该书描述了农村集体化之后，共产主义意识形态下乡村社会权力关系的变化，可以说是对国家与农村社会关系变化进行微观研究的重要作品。韩丁（William Hinton），美国宾夕法尼亚州雷丁镇人，其代表作《翻身：一个中国村庄的革命纪实》[③] 一书详细描绘和刻画了 20 世纪 40 年代山西张庄村（今属长治市）农民经历土地改革，打碎封建枷锁的翻身历程。1971 年，他又重访张庄，对张庄组织农村集体化的过程进行了深入的调查。他将改革过程中遇到的困难和问题加以报告并分析，最后完成了另一部著作《深翻：一个中国农村的继续革命纪实》[④]，这部著作把一个村庄从如何组织互助组

① 明恩溥．中国乡村生活［M］．午晴，唐军，译．北京：中华书局，2006：23.

② 费正清．美国与中国［M］．张理京，译．北京：世界知识出版社，2000：31.

③ 韩丁．翻身：一个中国村庄的革命纪实［M］．韩倞，译．北京：北京出版社，1980：16.

④ 韩丁．深翻：一个中国村庄的继续革命纪实［M］．《深翻》翻译校订组，译．北京：中国国际文化出版社，2008：55.

到初级社、高级社再到人民公社的经过，生动活泼地写出来了，体现了对中国农业现代化路径选择的思考。黄宗智认为国家与社会之间存在"第三领域"，进而提出了"国家—乡绅—村庄"的三角解说模式。印裔美籍学者杜赞奇（Prasenjit Duara）提出和探讨了"国家政权建设"和"权力的文化网络"两个核心概念①。杜赞奇认为象征符号、思想意识和价值观念本质上都是政治性的，人们通过控制这些象征性符号实现权力的运作与争斗②。杜赞奇所提出的"权力的文化网络"概念，成功超越了具体有形的村庄，用人类学的"文化"概念将各种社会关系串联起来，使"权力"从特殊的、隐性的、底层的逻辑上升为一般的、普遍的关系，从而使"权力的文化网络"有了普遍的解释效力。这为后续的乡村治理研究开拓了新思路，提供了全新的理论分析框架。

二、对中国当代乡村治理问题的研究

自20世纪90年代开始，海外学者开始关注中国农村社会政治发展、经济体制改革和转型、社会结构和文化变迁等一系列问题。如戴慕珍、曼宁深入研究中国农村市场经济发展；何包钢、罗泽尔将研究视角聚焦在中国因沿海经济发展而繁荣发展的政治参与和协调民主方面等。

进入21世纪，随着我国加入世界贸易组织，经济的飞速发展，城乡面貌日新月异，中国社会的变迁为海外学者提供了一个巨大的实验室，为他们提供了极具吸引力的研究素材。越来越多的社会科学研究者也开始把目光转向中国的乡村现代化发展。其中不乏独特的研究视角和研究方法。如爱尔兰学者瑞雪·墨菲关注农民工从农村向全国各地城市的流动，分析论述了农民工流动对乡村社会和国家现代化发展的影响。墨菲集中分析和讨论了促成国家和地方经济发展政策发生转变的农民工的经历和生存策略，同时也考察了流动者、留守者和地方官员对变化的环境、障碍和机会所做出的反应。这为前沿的研究提供了丰富的第一手资料，也为分析其他发展中国家提供了有用的比较案例。也有学者关注中国现代化发展过程中突出的城乡差距，将中国

①② 杜赞奇．文化、权力与国家：1900—1942年的华北农村［M］．王福明，译．南京：江苏人民出版社，1994：2.

的城市和乡村进行对比形成颇具洞见的成果。例如美国哈佛大学的中国问题专家托尼·赛奇（Anthony Saich）认为，与城市居民相比，中国乡村人口对国家政策、公共服务的满意度更低，应该着力提升在乡村治理过程中乡民对于政府的认同感。总体来看，国外学者由于缺乏深入中国乡村社会的实践调查，对于中国乡村治理的内在经济结构、文化变迁的研究还很欠缺。当今中国社会以前所未有的速度进行全方位的政治、经济、文化、社会、生态建设，尤其是世所罕见的扶贫开发工程和乡村振兴事业，海外中国研究者也积极投身其中，通过观察和探讨西方现代化的社会发展道路开拓全新的研究视阈和方法。比较20世纪末和21世纪初海外研究者的学术旨向可以发现，海外村民自治研究经历了从以选举为重心到以治理为重心的转变。总体而言，中国当代的乡村治理研究无论是在研究数量、研究范围、研究领域等方面都取得了极大进展，形成了一系列具有借鉴意义的研究范式和理论模型，为我们深入推进乡村治理和农村民主政治发展提供了大量研究成果和方法启示。

三、对乡村治理的技术和机制的研究

伴随着农村呈现出的诸多问题，乡村的衰败引起全社会的关注，西方国家的乡村治理也经历了一段较为漫长的时期，在实践中探索和创造出了一些特色鲜明的乡村治理模式和类型。

在乡村治理的技术方面，Graeme提出了乡村治理范围的问题，他认为，乡村治理覆盖的范围应该在乡镇、行政村以及周边的自然村这三个区域范围内①。Kosec等学者从信息化治理角度出发，提出利用现代信息技术改善乡村治理场域内的公共服务水平②。在乡村治理中着力发挥现代社会信息化的优势，要有效利用对政府和广大群众有益的信息，为乡村治理提供可用和可靠的服务，并在此基础上优化和改善公共服务和治理水平。

在乡村治理的机制研究方面，Hetherington认为乡村治理的效能要通

① Graeme S，The hollow state：Rural governance in China [J]. The China quarterly，2010，203：601 - 618.

② Kosec K，Wantchekon L. Can information improve rural governance and service delivery [J]. The China quarterly. 2020，125.

过村民利益的实现机制予以保障①。村民利益保障机制可以通过实现人们的利益诉求来引导村民主动参与到自治实践中来，推动村民实行责任制，以维护自身利益的态度履行其权利及义务，顺势提升村民自身对自治政策的信任度。XU 通过提出和分析乡村治理中的多元治理主体结构，指出多元治理主体在参与乡村治理过程中的结构和分工：要注重政府主导、党组织和领导干部共同参与、社会组织积极提供平台、村民发挥其主人翁意识、村民委员会参与协调组织，共同努力实现公众的需求②。Sorensen 等通过论证多元主体化的相互作用机制，强调了当前乡村自治中更多的是以多元化为主导，政府应加强与其他多元主体的互动，共同完成乡村治理的公共事务③。An 通过对乡村治理的治理机制的探讨，归纳总结了当前政府在乡村治理中的作用更多为指导，帮助公民和其他主体在平等、有序的情况下完成乡村治理公共事务④。

国外学者对乡村治理的研究焦点主要集中在乡村自治的价值、政府应扮演的角色、公民应扮演的角色三个领域。其中在乡村治理的主体结构中，国外学者更侧重于政府和公民应扮演的角色，更多着眼于公民的利益、关注点和政府参与主体的功能。鉴于西方发达国家普遍强调市场的"看不见的手"在国家社会生活中的宏观作用，政府这"看得见的手"在社会治理中作用有限，难以形成完整有效的国家治理体系和治理模式，因此国外学者对乡村社会的治理体系、治理模式研究有限，对我国在党的十九大之后提出的"自治、法治、德治相结合的"乡村治理体系的研究更是言之者甚少。

---

① Hetherington M J. Why trust matters：Declining political trust and the demise of American Liberalism [J]. Princeton University Press，2005.

② XU X. Problems of grassroots multiple governance in rural areas and recommendations [J]. Asian Agricultural Research，2019，11（12）：1-5.

③ Sorensen E，Torfing J. The democratizing impact of governance networks：From pluralization，via democratic anchorage to interactive political leadership [J]. Public Administration，2018，96（2）：302-317.

④ An B Y. Bottom-up or top-down local service delivery. Assessing the impacts of special districts as community governance model [J]. The American Review of Public Administration，2021，51（1）：40-56.

第四节 研究思路与方法

一、研究思路

本书在马克思主义经典作家的社会治理思想、中国化时代化马克思主义的乡村治理思想的引领和指导下，依据中华传统文化中的社会治理思想、借鉴中西方现代治理理论，通过系统分析和总结我国乡村治理体系的历史演进和发展脉络，剖析乡村治理的权力和主体结构类型，总结当下“三治”结合治理体系建设中存在的问题和原因，提出新时代“三治”结合乡村治理体系的建设路径。

第一，本书界定了新时代“三治”结合乡村治理体系的概念、内涵和特征；第二，从马克思主义理论、传统文化、现代治理理论中寻求理论资源，筑牢新时代乡村治理体系建设的理论基础；第三，通过回顾和总结我国乡村治理历史进程和成就，为新时代背景下乡村治理体系建设提供历史和现实依据；第四，从实践视角阐释和分析新时代“三治”结合乡村治理体系的主体和权力结构，提出新时代“三治”结合乡村治理的建设类型，发达国家乡村和社会治理的经验为我国“三治”体系建设提供参考和借鉴；第五，提出和分析当下“三治”结合治理体系建设存在的普遍问题及成因；第六，为完善和加强新时代“三治”结合乡村治理体系提供路径建议。对此，本书遵循“理论—历史—现实”的研究思路，总共分为六个部分。

第一部分，概述新时代“三治”结合乡村治理体系。第一，对新时代“三治”结合治理体系中的自治、法治、德治、乡村治理体系等相关概念进行界定。第二，厘清自治、法治、德治三种治理概念的关系，明确本书对“三治”类型的研究侧重：传统农业型乡村是以自治为主，德治法治为辅的“一体两翼”式“三治”类型。第三，从治理结构、治理机制、治理理念三方面论述和阐发了新时代“三治”结合乡村治理体系的内涵，并由此归纳出结构性特征、功能性特征和技术性特征。

第二部分，系统梳理新时代“三治”结合乡村治理体系的理论来源。其一，马克思主义经典作家关于人民自治、国家法治、农业合作社治理、政党建设的理论和思想为新时代“三治”体系建设提供了宏观指导。其二，中国化时代化马克思主义理论作家的村庄治理、农民组织、文化建设和创新社会治理的相关理论成果为"三治"体系建设提供了微观经验。其三，中国传统的农耕文化、治理文化、乡村文化建设思想为"三治"体系的建设提供了历史借鉴和意识形态支撑。其四，现代乡村治理理论中的政治学理论、西方善治理论、乡镇自治理论为新时代"三治"结合乡村治理体系建设提供了最新的现代乡村治理理论借鉴。

第三部分，从我国乡村治理变迁的视角对中华人民共和国成立后的乡村治理体系的形成和发展进行总结和梳理。我国乡村治理体系具体可以分为中华人民共和国成立后社会主义改造和社会主义建设时期的"管控型"乡村治理；改革开放新时期的"管理型"乡村治理；进入新时代的"治理型"乡村治理①。

第四部分，分析和论述新时代"三治"结合乡村治理体系的结构和类型。分析乡村治理体系的主体和权力结构，归纳总结出两类"三治"体系的类型：传统农业型乡村"三治"类型和现代资源密集型乡村"三治"类型。比较两类不同地区类型的"三治"结合治理体系，为我国"三治"结合乡村治理体系建设提供经验素材和思路。

第五部分，分析和论述新时代"三治"结合乡村治理体系建设中存在的问题和原因。通过找出现阶段存在的问题，并在此基础上对问题的影响因素予以剖析，为新时代乡村治理体系指明方向。

第六部分，根据问题和原因提出新时代"三治"结合乡村治理体系的建设路径和具体举措，针对现存问题提出建设意见和解决方案，为进 步建设和完善新时代党组织领导的"三治"结合的乡村治理体系的实践框架和政策体系，丰富"中国之治"的制度优势提供有益探索。

二、研究方法

本书以辩证唯物主义与历史唯物主义思想为指导，通过阅读大量文献资料结合实地调查，采用案例分析法、比较分析法、历史分析法、跨学科研究等研究方法，对新时代中国乡村治理体系进行分析研究。

---

① 魏礼群．坚定不移推进社会治理现代化［N］．光明日报，2019-09-09（16）．

第一，实地调研法。深入到乡村基层，获取关于本地乡村治理的第一手资料，为理论和实证研究提供数据保障。走访传统农业地区乡村（吉林地区），调查和了解传统农业地区乡村治理的实际情况，走访地方政府部门获取相关制度规定、政策引导，获取“三治”结合乡村治理发展的相关资料和数据，为探寻传统农业地区（吉林省）乡村治理良性发展提供理论和实践依据。

第二，案例分析法。我国土地辽阔、人口众多，多元一体。不同地区的农村有着截然不同的社会属性、资源禀赋，这使得不同区域乡村治理呈现不同的特质和类型。本书选取颇具代表性的沿海发达乡村的“三治”案例和中西部传统农业型乡村的“三治”案例进行剖析论证，通过案例分析呈现新时代“三治”结合乡村治理体系建设方案的特点。

第三，比较分析法。从我国乡村治理的国情和地区情况出发把不同治理类型的乡村进行分类：从地理层面上可以分为中、东、西部乡村；从人口流动层面上可以分为传统农业地区的人口流出型乡村和沿海地区的人口流入型乡村。通过对不同乡村治理类型的案例进行分类、比较，力求从更加具体和微观视角呈现“三治”结合乡村治理体系的多样化类型，为新时代各类型乡村的“三治”结合乡村治理体系建设提供依据。

第四，定性研究方法。依据大量乡村治理的历史事实和现实案例对乡村治理体系的结构和功能进行定性分析。通过采用逻辑推理、案例比较、历史分析等方法研究和探讨“三治”结合的乡村治理体系的组织结构、系统功能、权力运行、文化认同机制等内在属性。

第五，历史分析法。中国现代的乡村治理主题承袭中华人民共和国成立后的国家现代化建设而来：从初期的社会主义改造到人民公社的建立；从改革开放后的包产到户到2006年农业税的废除；从进入新时代全面深化改革到党的十九大提出乡村振兴战略。因此本书第四章治理体系的历史演进主要采用历史分析的方法研究和分析乡村治理体系的演化逻辑。

第六，跨学科研究法。乡村治理的关键在于让人们获得更好的生活和发展。单从治理的技术角度出发则容易陷入管窥蠡测的视角，让研究主题封闭和简化。本书采用跨学科的研究方法，从经济、政治、社会、文化等多维度多视角研究和审视乡村治理和国家治理体系的主题使这一研究更具包容性和延展性。

三、技术路线

本书按照研究内容和目的，结合研究条件和自身研究优势，确立开展研究并确保研究目标得以顺利实现的研究技术路线（图 1-1）。

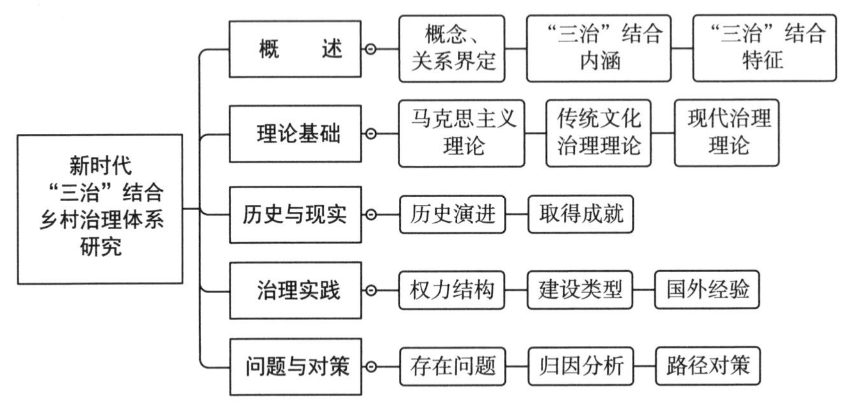

图 1-1　新时代“三治”结合乡村治理体系研究技术路线

第五节　创新之处与不足之处

一、创新之处

其一，提出和论述新时代“三治”结合乡村治理体系的内涵和特征。学界对党的十九大提出的“自治、法治、德治相结合的”乡村治理体系的内涵与特征尚未达成共识。本书认为新时代“三治”结合乡村治理体系的内涵是治理结构、治理机制、治理理念的集合，在结构、功能和技术三方面表现出典型特征。明确其内涵和特征对深入新时代“三治”结合治理体系的理论研究和现实推广具有重要意义。

其二，运用比较分析方法分析新时代“三治”结合乡村治理体系的结构和类型。从乡村治理的主体和权力结构出发，运用比较分析方法探讨了传统农业型乡村和沿海经济发达型乡村两种不同类型的“三治”结合乡村治理体系，并提出相应建设思路。在借鉴发达国家和地区基层治理经验基础上，提出我国“三治”结合乡村治理体系建设的路径思路。

其三，扩展和丰富新时代国家治理体系和治理能力现代化建设的理论和话语体系。国家治理体系和治理能力作为“两个一百年”建设的现代化目标，如何从历史的发展脉络上论述和阐释“三治”治理的科学性、合理性；在马克思主义中国化时代化最新理论成果和中国国家治理体系现代化的视阈下把握新时代乡村治理的理论特质和实践优势；如何从理论和话语体系上丰富和深化马克思主义国家治理理论的价值意蕴、理论逻辑，进而丰富马克思主义理论相关学科在乡村治理研究中的话语形式具有建设性的价值和意义。

二、不足之处

其一，实地调研不足。因自身具体工作情况、国内疫情防控情况，实地走访调研区域仅局限于吉林省传统农业型乡村。缺乏沿海经济发达乡村的第一手调研资料让本研究的论证基础不甚圆满。未来的研究要有针对性地走访代表性乡村，在进一步整理分析资料的基础上考察乡村振兴战略对传统农业型乡村和沿海经济发达乡村的积极作用。要尽可能多走访和考察沿海发达乡村“三治”结合治理体系的实践效能，评估和展望其实效和扩展性，为2035年乡村治理体系和治理能力现代化的实现做准备。

其二，对“三治”治理体系的创新发展研究不足。广义的社会治理涉及广泛的政治、经济、文化、社会建设、科技发展等领域，在百年大变局的时代背景下“三治”体系必然随着国家整体的政治、经济、文化、社会变迁而不断演进。如今，沿海经济发达的乡村已经基本实现现代化，其“三治”体系也从1.0版本向2.0版本优化升级。鉴于时间、精力、所获研究资料限制，难以捕捉“三治”体系发展的第一时间进展，造成理论与实践研究的滞后，是本书的不足与遗憾。

其三，对智能化治理展望和研究不足。市场经济的蓬勃发展也让我国的现代科技水平节节攀升。在越来越多高科技现代治理技术的加持下，我国整体的社会治理呈现出前所未有的新局面，为我国社会治理提供了高效、便捷、广泛、深刻的有利条件。如沿海发达地区广泛使用的高清摄录机、人工智能识别、大数据锁定等一系列高科技信息技术为新时代社会治理提供了新的变革空间。可以展望的是未来的社会治理在现代生物和信息技术的加持下，乡村治理体系和乡村治理能力在可以预见的未来也必然迎来变革。自治、法治、德治是我国千百年来一脉相承的治理技术、治理机制、治理理念，在我国高新技术产业蓬勃发展的背景下，如何将科技治理和传统治理有机融合到国家治理体系和治理能力建设之中，如何将互联网、智能制造等高新技术有机融入共同体自治、现代法治建设、德治文化宣扬中，是我国未来国家治理体系和治理能力建设的必然要求。

本书对科技治理研究有限。科技治理作为未来发展的必然趋势，值得研究和关注。鉴于本书的研究侧重于传统农业型乡村“三治”结合体系建设，而这些地区通常缺乏推广科技治理的基础性条件（财政资源、人力资本、物力资本等），因此本书对科技治理研究有限。但不可忽视的是，随着我国现代化国家建设的不断推进，在可以预见的未来，科技治理必然将在国家现代化建设、国家治理体系和治理能力建设的未来发挥越来越重要的作用。

第二章　新时代“三治”结合乡村治理体系概述

新时代“三治”结合乡村治理体系是我国进入新时代以后，针对社会存在的不平衡不充分的发展问题，力争通过乡村振兴、城乡融合、加强和创新社会治理的方式解决乡村社会在现代化进程中存在问题的基本方略。“三治”结合乡村治理体系融合治理理念、治理制度、治理技术于一体，是国家治理体系的组成部分。目前学界将“三治”体系表述为“‘三治’结合”“‘三治’合一”“‘三治’融合”等。在这些说法背后是关于“三治”体系本质和特征的深刻认识，但遗憾的是学界就这一认识仍然莫衷一是。不管是“‘三治’结合”“‘三治’融合”还是“‘三治’合一”，都是源自自治、法治、德治的本质和特征的丰富和扩展，只有真正弄清楚何为“三治”，“三治”的本质是什么，才更能区分和梳理各种“三治”的异同，才能用理论更好地分析现实、指导实践。基于此，本章着力于对新时代“三治”结合乡村治理体系内涵和特征进行探究，通过对“三治”结合体系本质和内核的分析与探讨归纳出“三治”结合治理体系的内涵：治理结构、治理机制和治理理念，并在此基础上总结其结构特征、功能特征、技术特征。

第一节　“三治”结合相关概念界定

一、治理

治理可以理解为“治国理政”，是与人类社会发展演进密不可分的基本政治活动。从词源学来看，中文的“治理”多作“治国理政”之解，如“治大国若烹小鲜”“为无为，则无不治”“修身、齐家、治国、平天下”，意指统治与管理，即政府如何运用国家权力来管理国家和人民。治理（governance）一词最早出现在古希腊语中，意指控制、引导和操纵[①]。20 世纪 80 年代末期，世界银行第一次用"治理危机"来描述非洲的混乱社会，这让"治理"获得了学界的关注和重视。我国学者在西方治理理论的基础上，不断丰富治理的内涵。

进入 21 世纪，俞可平（2000）将西方治理理论系统引入中国。他指出治理"指官方的或民间的公共管理组织在各种不同的制度关系中，运用权力去引导、控制和规范公民各种活动，增进公共利益的活动"[②]。徐勇作为国内治理理论研究的先行者，提出 governance（治理）是运用公共权力管理一国的经济和社会资源的方式，是对公共事务的处理，以支配、影响和调控社会[③]。郁建兴从国家和社会关系视角出发，将治理描述为"对国家同社会之间关系的合理调整，强调两者之间的合作和互补"[④]。将治理概念最早引入乡村政治研究领域的是以徐勇、贺雪峰为代表的华中乡土派学者，贺雪峰认为治理是结合国家与社会双向的良性互动的过程[⑤]。

2012 年党的十八大首次使用了"国家治理"的概念，提出要"更加注重发挥法治在国家治理和社会管理中的重要作用"[⑥]。2013 年党的十八届三中全会后国家治理正式取代社会管理成为我国政治社会的热门话语。从中华人民共和国初期的建设到新时期的改革再到中国特色社会主义进入新时代，我国基层社会的治理体系经历了从"管控"到"管理"到"治理"的变迁。党的十八届三中全会提出"社会治理"，意味着新时代背景下国家与社会关系的改变：随着 2014 年我国经济发展进入新常态，创新社会治理以"解放和增强社会活力""追求社会公平正义""社会多元主体共治""法治思维与方式"[⑦] 赋予新时代的社会治理鲜活的主题。

---

① 俞可平．治理和善治［M］．北京：社会科学文献出版社，2000.

② 俞可平．全球治理引论［J］．马克思主义与现实，2002（1）：30－32.

③ 徐勇．GOVERNANCE：治理的阐释［J］．政治学研究，1997（1）：63－67.

④ 郁建兴，吕明再．治理：国家与市民社会关系理论的再出发［J］．求是学刊，2003（4）：34－39.

⑤ 贺雪峰．新乡土中国［M］．北京：北京大学出版社，2013：156.

⑥ 本书编写组．十八大报告学习辅导百问［M］．北京：党建读物出版社，2012：222.

⑦ 郁建兴．走向治理新常态［J］．探索与争鸣，2015（12）：4－8.

本书对治理研究遵从当下学界的普遍看法，将治理视为自上而下的管理与自下而上的认同相结合的双向过程。在这个过程中，自上而下无论通过行政手段还是法律的硬性要求都过于机械和生硬，只有通过调动更多的社会治理主体和治理元素以实现经济、政治和文化的多方面关联和认同才能实现良好的治理——善治。此为新时代建设“自治、法治、德治相结合的乡村治理体系”的终极目标。

二、乡村治理

自 1997 年徐勇在《GOVERNANCE：治理的阐释》一文中首次使用“治理”一词后，“治理”的概念即和乡村政治学紧密结合起来。1978 年农村生产关系变革后，村民自治研究成为乡村政治学研究的主旋律。徐勇认为乡村治理是以基层政府为主体、其他乡村治理主体共同为乡村社会提供公共产品和服务的过程①。党国英指出乡村治理着眼于维护乡村社会公正、促进乡村社会的经济增长，实现可持续发展②。周庆智从治理权力角度出发，从治理现代化角度将乡村治理描述为一个权威（政府）中心决定乡村公共事务（乡村治理转型）的过程③。温铁军从宏观经济角度阐发乡村治理思路，考虑到了当前中国社会存在的“人地关系高度紧张”及“城乡二元结构”的基本体制矛盾所造成的乡村社会老龄化和空心化，导致乡村发展资源存量过低并难以被资本化，从而造成无法接受的高昂交易成本。因此，乡村良性治理应着眼于提高乡村社会组织化程度以重构社会资本与规模交易主体④。贺雪峰更侧重从文化和共同体认同的角度阐释对微观村庄治理的关注：乡村治理不单是解决乡村社会有序发展的问题，更要为亿万农民寻求终极价值，解决其安身立命的问题⑤。贺雪峰的研究从宏

① 徐勇．GOVERNANCE：治理的阐释［J］．政治学研究，1997（4）：63－67.

② 党国英．我国乡村治理改革回顾与展望［J］．社会科学战线，2008（12）：1－17.

③ 周庆智．乡村治理制度建设与社会变迁：基于西部 H 市的实证研究［M］．北京：中国社会科学出版社，2016：26.

④ 温铁军，杨帅．中国农村社会结构变化背景下的乡村治理与农村发展［J］．理论探讨，2012（6）：76－80.

⑤ 贺雪峰．农民价值观的类型及相互关系：对当前中国农村严重伦理危机的讨论［J］．开放时代，2008（3）：51－58.

观、中观、微观多个层面审视乡村和农民的生存和发展，价值观和伦理取向赋予其研究更多的人文情怀，为新时代的乡村治理体系建设编织了情感和认同的纽带，是新时代"三治"结合乡村治理体系"德治为先"的生动呈现。

不可否认，当前我国乡村社会存在如自然资源条件恶化、农村公共服务不力、人口流失严重、基层组织力弱化、乡村传统文化衰微等诸多问题。这些问题本质上是传统农业社会向现代工业社会转型过程中必然经历的资源结构性调整：传统农业在工业化起步期支持工业化。工业化催生城镇化，发展成熟的工业化再反哺城镇化和农业现代化。没有农业农民为中国工业和城市发展建设做出的贡献和牺牲，在波涛汹涌的世界大市场下，中国的工业和农业都难有出头之日。进入新时代，我国经济发展成就举世瞩目，乡村社会还面临人口流失、经济资源流出的衰退困境，亟须通过自治激发基层活力，通过法治为变动社会树立现代规范，通过德治滋养传统和现代社会关系，营造和谐善治文化氛围。在这种背景下，新时代"三治"结合乡村治理着眼于加强农村基层基础工作，通过实现自治、法治、德治的有效结合为破解农村治理困境提供了新思路和新方向。

三、自治、法治、德治

自治（automony 或 self - government）是一个相对于"他治"或者"官治"的概念，其本意就是自我管理，或自己管理自己的事情。一般认为，自治有三层含义：一是国家自治（主权自治），即国家主权的独立自主，这是自治的最高形式。二是地方自治，即地方政府依据国家权力进行自治的制度形式。三是社会自治，即在国家与社会关系上，国家权力在一定范围内的社会领域退出，由社会组织和社会力量自行处理其内部事务。从人类社会发展的普遍规律来看，古代社会一般实行君主政体和专制统治，政治权力覆盖整个社会，社会逐渐失去自主性，成为国家的附属或附庸。到了近代社会，商业和法治的兴盛为市民社会发展创造了空间，民众的自治空间越来越宽广。本书中的自治意指享有自治权的个体公民或权利主体必须具有一种自我管理、自我约束、自我监督的意识和能力。在具体的治理实践中即是肇始于20 世纪 80 年代以贯彻民主选举、民主协商、民主决策、民主管理、民主监督制度为主要内容的村民自治①。

法治是现代社会治理的基本框架。从字面上看，法治即指法律主治。中国古代的“法治”是皇帝意志的表现。现代意义上的法治起源于西方，意指法律至上的权力②。进入现代社会，统一的规则和秩序成为现代民族国家构建不可或缺的制度和文化组成部分。法律成为国家治理规则的基本框架，法治成为治国理政不可或缺的重要手段。习近平总书记指出：“法治兴则国家兴，法治衰则国家乱。什么时候重视法治、法治昌明，什么时候就国泰民安；什么时候忽视法治、法治松弛，什么时候就国乱民怨。法律是什么？最形象的说法就是准绳。用法律的准绳去衡量、规范、引导社会生活，这就是法治③。”

我国现代的法治实践开启于 1949 年。1954 年，第一届全国人民代表大会审议通过的《中华人民共和国宪法》开创了中国社会主义宪法的全新时代，同时也表明了国家政权在法理上的合法性。经历“文化大革命”的严重挫折，1978 年党的十一届三中全会的召开标志着我国的社会主义法制建设也进入到了一个新的发展阶段中。1982 年《中华人民共和国宪法》的颁布，标志着我国社会主义民主政治制度建设进入比较成熟时期。2012 年中国特色社会主义进入新时代后，确立了建设中国特色社会主义法治体系和法治国家的总目标。2017 年党的十九大提出乡村振兴战略，法治乡村建设成为乡村治理体系建设的重要环节。2020 年中央全面依法治国委员会印发了《关于加强法治乡村建设的意见》，对法治乡村建设的要求、原则、目标、任务均做出明确要求和规划。综上所述，新时代的乡村法治可以理解为是国家制定或认可的，体现国家意志并凭借国家强制力予以贯彻的治理主体所共享的一整套知识、信仰、价值观和制度规范等。乡村法治即是通过这一普遍规则实现治理。

德治通常指依靠文化和传统进行社会治理。在传统中国，德治是国家和家庭治理的主要方法。自孔子开始，中国传统德治就在独特的自然经济、宗

① 张树华．发展全过程人民民主［J］．红旗文稿，2021（9）：16-19．

② 夏恿．法治是什么：渊源、规诫与价值［J］．中国社会科学，1999（4）：28．

③ 本书编写组．习近平关于全面依法治国论述摘编［M］．北京：中央文献出版社，2015：15．

法社会结构、专制体制、一体化意识形态、儒家思想文化体系等背景下展开[①]。孔子将德治奉为极高的治理技术，称"为政以德，譬如北辰，居其所而众星共之"[②]，主张德法合治、德主刑辅。在此后历代王朝统治中，"德法合治"的思路逐渐稳固成形："德礼为政教之本，刑罚为政教之用，犹昏晓阳秋相须而成者也"[③]，使传统中国的治理经验生动呈现了德治法治一体一用，最终实现法治与道德的一体化[④]。道德因此具有治理国家的法律效应，法律成了道德和民情的体现。

与传统乡土中国规范人伦的"三纲五常"不同，现代意义上的德治则是以道德规范来约束人们的行为从而形成社会秩序的治理观念和方式，是一种非正式的制度约束[⑤]。本书所指德治强调传统儒家道德的"礼治"的文化根基：以传统和文化为媒介，是建立在一套文化认同和信任机制基础上的治理方式。

四、"三治"结合乡村治理体系

亘古至今，自治、法治和德治一直都是人类社会治理的主要方法。如古希腊的城邦自治，要求法律的制定者、执行公务的行政人员均要有一定的道德基础[⑥]；美国的乡镇自治，更需要为市民自治和乡镇法治配之以"乡镇精神"和"民情"[⑦]。可以说自治、法治、德治是大到一个国家，小到一个家庭都无法绕过的治理方式。回顾我国"自治、法治、德治相结合"的乡村治理体系的发展过程，可以发现其提出与形成有其历史的必然性。

改革开放后，市场经济的流动性造成乡村社会的人口流失和文化凋敝，致使传统乡土社会依靠文化和自治共同体的社会整合方式趋于无效。2006年农业税的取消切断了国家与基层社会的联接纽带，由此也导致了如农民参

---

① 孙莉．德治与法治正当性分析：兼及中国与东亚法文化传统之检省［J］．中国社会科学，2002（6）：95－104.

② 引自《论语·为政》。

③ 引自《唐律疏议》，又称《永徽律疏》，是唐高宗永徽年间完成的一部极为重要的法典。

④ 杨一凡，刘笃才．中国的法律与道德［M］．哈尔滨：黑龙江人民出版社，1987：32.

⑤ 郁建兴．法治与德治衡论［J］．哲学研究，2001（4）：11－18.

⑥ 摩尔根．古代社会：上［M］．杨志莼，等，译．北京：商务印书馆，1997：303.

⑦ 托克维尔．论美国的民主［M］．董果良，译．北京：商务印书馆，1989：332.

与不足、基层党组织弱化、压力体制下的村委官僚化、项目制下的村民自治异化等问题[①]。对此，国家着力推进乡村社会民主自治建设、乡村法治化建设和乡村文化建设。2012年中国特色社会主义进入了新时代，社会主要矛盾发生转变，沿海早先发达的地区有了更多回应经济社会发展的积极性和自主权时，浙江桐乡才在以往单独强调自治的基础上有效嵌入法治和德治，走出了一条适用性强、扩展性强的基层社会治理的创新路径[②]。

可以说桐乡“三治”的兴起与江浙沿海活跃的经济和文化氛围有不可疏离的关系。2017年，当“三治”结合的基层治理实践正式确定为国家治理方略时，党组织领导的自治、法治、德治“三治”结合的乡村治理体系成为新时代国家治理体系和治理能力现代化建设的必由之路。习近平总书记指出：“一个国家选择什么样的国家制度和国家治理体系，是由这个国家的历史文化、社会性质、经济发展水平决定的[③]。”本书认为“三治”结合乡村治理体系是在新时代背景下通过将乡村传统自治、乡村现代法治、乡村文化德治有效结合，激发乡村治理活力，促进乡村组织振兴，以实现乡村社会和谐有序发展的治理体系、治理结构、治理机制和治理理念的集合，是在我国走向中华民族伟大复兴过程中建设现代化善治乡村的有效路径。

第二节 “三治”关系及类型

自“健全自治、法治、德治相结合的乡村治理体系”的说法出现在党的十九大报告中，“三治”结合的乡村治理体系即进入学术理论研究视野。“三治”关系的正式的表述为：“坚持自治为基、法治为本、德治为先”[④]。张天佐认为：“自治为法治和德治建设奠定组织基础，法治为自治和德治建设构

---

① 仝志辉，孙枭雄．新时代乡村治理新体系之“新”在何处：基于历年中央一号文件的比较分析［J］．福建农林大学学报（哲学社会科学版），2018（5）：1－6。

② 钟海．“三治融合”乡村治理体系的生成逻辑与路径选择［J］．山东工商学院学报，2021（6）：84－92．

③ 任仲文．新时代大国治理［M］．北京：人民日报出版社，2020：4．

④ 张天佐在解读2019年中央1号文件时将“三治”结合解读为“自治为基、法治为本、德治为先”，见张天佐．完善乡村治理机制 保持农村社会和谐稳定［J］．农村工作通讯，2019（3）．

建制度保障，德治为自治和法治建设提供价值支撑”①。根据其相互关系，学术界对“三治”体系提法的表述也主要有“‘三治’结合”“‘三治’融合”“‘三治’合一”等。据此，学者们将“三治”类型分为三类，分别是“一体两翼论”“‘三治’组合论”“‘三治’融合论”。

一、自治、法治、德治关系

依据中共中央、国务院印发的《乡村振兴战略规划（2018—2022年）》要求，“三治”关系可以正式表述为：“坚持自治为基、法治为本、德治为先②。”

首先，新时代“三治”结合乡村治理体系要求自治为基，以自治增加社会活力。在新时代以人民为中心的治理框架下，人民既是治理客体，又是治理主体。将人民群众自治置于法治和德治之先，正是强调人民群众之于社会的主体性和参与性的表现③。自治是人类历史上最基本的社会治理形态。传统中国受农业产出限制，治理资源极为有限，皇权统治无法深入基层社会。进入现代，不论是中华人民共和国成立后的管控型治理还是管理型治理，基层社会始终通过基本的自治单位实现有效治理。这些自治组织单位在农村表现为村民自治组织，在城市则表现为“单位”管理④。新时代背景下，过去节衣缩食一味追求工业化的“赶超”战略让位于新时代经济新发展理念，实现高质量经济发展。鼓励国内消费和创新发展成为新时代背景下的发展思路。受经济基础决定，在创新驱动下，如何更好地实现自治，为经济社会释放主动性和活力是新时代社会主要矛盾的性质使然。

其次，新时代“三治”结合乡村治理体系要求法治为本，以法治合理规范群己界限。中国传统的社会治理发端于流动性弱、社会关联性强的熟人社会。而现代社会给人们带来更多“利益”导向，在商业利益的洪流中，理性的计算打破传统人伦关系的束缚，使市场经济社会呈现出高度的流动性和离

---

① 张天佐．完善乡村治理机制　保持农村社会和谐稳定［J］．农村工作通讯，2019（3）：8-10.

② 中国小康建设研究会．全国乡村振兴优秀案例［M］．北京：人民出版社，2021：254.

③ 张文显．“三治融合”的桐乡经验具有独立价值［J］．治理研究，2018（6）.

④ 张静．社会治理：组织、观念与方法［M］．北京：商务印书馆，2019：59，62.

散化。由市场经济规则塑造的“陌生人社会”，利益和价值追求多元，竞争的加剧导致人们建立稳定预期的成本十分昂贵，约束共同体内部关系的社会道德在新环境下更是难以发挥作用[①]。当传统熟人社会的秩序不再能达成共识，就需要一个更具普遍权威和效力的公共规则，通过增强人们行为预期的一致性、行为后果的预见性来约束和指导人们的行为，以达成普遍的公共秩序——法治。

法治本位由此成为社会治理的自治和德治不能跨越的界限——国有国法，家有家规，作为国家治理普遍规则的法治具有最高效力。在法治国家、法治政府和法治社会里，任何组织和个人做任何事都要以法律为准绳，自治和德治均不能逾越法律规定的边界。第一，就基层自治制度和实践而言，基层群众自治制度是伴随着中华人民共和国发展成长起来的一项具有独特作用的基本政治制度。《中华人民共和国宪法》和《中华人民共和国村民委员会组织法》均对村民自治的组织制度做出了明确规定，这为农村居民行使民主权利，进行自我管理、自我教育和自我服务，既提供了强有力的法律保障，也确立了明确的法律边界。第二，就德治规范和实践来讲，作为一种社会行为调控方式，德治最大的特点就是软性规则，其效力的发挥需要凭借行为主体的内在主观责任和外在社会影响实现。由此更凸显法治作为国家层面外部规则的强制作用：通过法治处理自治与德治无法处理的事务，并对治理主体的越界行为进行约束和惩治[②]。第三，自治和德治都必须在国家法律的框架之内，不能突破现有法律规定，不能替代法律。

最后，新时代“三治”结合乡村治理体系要求德治为先，从思想认识层面强调人对社会共同体的责任。马克思指出，“人的本质是一切社会关系的总和[③]。”人们生活在各种社会关系之中，通过共同遵守秩序所产生的认同感和归属感就是德治范畴。德治的力量来源于人们为维护共同体秩序的自律和认同，是作为共同体良性自治和公共规则的法治的枢纽性价值。第一，德

① 张静．社会治理：组织、观念与方法［M］．北京：商务印书馆，2019：59，62.

② 左停，李卓．自治、法治和德治“三治融合”构建乡村有效治理的新格局［J］．云南社会科学，2019（3）：49－54.

③ 中共中央马克思恩格斯列宁斯大林著作编译局．马克思恩格斯文集：第二卷［M］．北京：人民出版社，2009：885.

治为自治生长和法治下乡奠定道德底蕴和社会基础。自治强调的是一定区域范围内群体的共同行动和一致认识，而基本的道德标准和对共同秩序的价值取向在这个过程中就表现为德治。传统乡土社会因缺乏杜赞奇所描述的乡村权力的文化网络[①]，致使乡村自治中没有了社会规范的深层次支撑。当人们面临赤裸裸的利益计算时，人们的关系就缺乏情感和文化的纽带联结，治理共同体则因为缺少情感归依和意识形态的支撑脆弱不堪。德治作为一种能够体现不同地域文化传统的道德规范，恰恰可以为基层自治的有效运转和法治秩序的构建提供传统资源。第二，德治为法治提供乡土资源。近代以来法治开始深入到乡村社会的各个领域，成为基层治理的重要手段。然而，法治并非无所不能、无处不及，在为基层社会治理秩序实现转型维持秩序的同时，法治也需要传统资源的滋养。中国是一个幅员广阔的国家，不同区域有不同的历史文化传统和资源禀赋结构，这让统一的法治在面对中国千差万别的乡村现实时，往往遭遇因缺乏"在地资源"的支撑难以获得正当性基础和地方性根基的问题[②]。把法治和德治代表的传统文化资源结合起来，就是把治理的普遍规则与共同体"小私"规则结合起来[③]，将法治的普遍规则建立在德治的文化资源上，使普遍规则融合利用德治的文化资源以获得生长的基础。在法治与德治的良性相处中，法治代表的普遍规则与德治代表的文化传统不断试探，不断接触，不断融合，最终使法治建设从传统资源的"小"共同体中汲取资源，改变文化传统，使传统的文化惯例超越"小"的乡村共同体，成为可以与大世界对话的普遍规则，这种改变为最终的"善治"提供了可能[④]。

综上可知，在当下基层社会治理格局中，基层群众自治作为我国一项基本政治制度，自治是主体，而法治和德治则是驱动自治良性运行，实现基层

① 传统中国通过"权力的文化网络"这个概念突出如宗教信仰、亲戚纽带、社会地位、威望等文化意义的象征与规范在塑造组织权力合法性方面具有决定性意义。参见贺雪峰．新乡土中国［M］．北京：北京大学出版社，2013：156.

② 施远涛，赵定东，何长缨．基层社会治理中的德治：功能定位、运行机制与发展路径［J］．浙江社会科学，2018（8）：75－82.

③ 贺雪峰在《乡村社会关键词》中论述了村庄共同体的"小私"与公共规则的"大公"的良性互动的过程。参见贺雪峰．乡村社会关键词［M］．济南：山东人民出版社，2010：223.

④ 贺雪峰．新乡土中国［M］．北京：北京大学出版社，2013：158.

社会善治的两翼和两轮。自治、法治、德治唯有有效结合甚至高质量融合，基层社会治理制度优势才能转化为现代化治理效能。

二、“三治”类型

党的十九大提出“健全自治、法治、德治相结合的乡村治理体系”，学者们将“三治”关系划分为三种类型，分别对应“‘三治’融合论”“一体两翼论”“‘三治’组合论”。其中浙江桐乡提出的“‘三治’融合”是“融合论”的典型代表，而“‘三治’结合”则是“一体两翼论”的代表观点。

首先，浙江沿海经济发达乡村是“‘三治’融合”论的典型代表。“‘三治’融合论”主张：“三治”并非自治、法治与德治的简单相加和组合，而是相互作用、相互补充的有机整体①。郁建兴是这种类型主张的代表人物。作为浙江“三治”理论研究的先行者，郁建兴认为浙江桐乡“三治”所处的地域是沿海经济发达的乡村地区，可以说是已经发展成比较现代化的乡村，因此桐乡的“三治”已经从初始的自治、法治、德治的简单结合上升为2.0版本的“三治”融合运作的高级阶段，可以说是相对成熟和发达阶段的“三治”体系。因此，郁建兴研究浙江沿海地域的“三治”属于成熟型乃至发达型的“三治”，是超越自治、法治与德治简单组合的1.0版本，走向高质量的“三治”结合乃至融合的“三治”②。

其次，传统农业型乡村更适宜“一体两翼型”的“三治”建设。“一体”即自治，“两翼”是法治和德治，“一体两翼”型“三治”强调自治的基础性和主体性作用，法治和德治是自治的辅助和支撑。“一体两翼”论的经典表述为“自治为体，法德两用，创造优质的乡村治理”③。徐勇认为实现“三治”融合要以“自治为体，法德两用”④，何显明认为“三治”之间不是平等并列关系，而是有主有次、一体两翼的关系⑤。“三治”合一建设的核心问题是实现善治，而现阶段善治要在自治的基础上实现，其关键在于如何将

① 郁建兴，任杰．中国基层社会治理中的自治、法治与德治［J］．学术月刊，2018（10）：64-74.

② 郁建兴．自治法治德治研究的新议程［J］．治理研究，2018（6）.

③ 郁建兴．中国基层社会治理中的自治、法治与德治［J］．学术月刊，2018（12）：64-74.

④ 徐勇．自治为体，法德两用，创造优质的乡村治理［J］．治理研究，2018（6）.

⑤ 何显明．“三治”合一探索的意蕴及深化路径［J］．党政视野，2016（7）.

法治、德治落实到自治这一主体上来[①]。在当今广大乡村治理普遍衰落的大背景下，“一体两翼”型“三治”可以说更适合中国广大的传统农业型乡村。乡村学者贺雪峰着重强调了自治对于乡村振兴的重要性：乡村振兴的关键工作之一就是将基层群众组织起来，不应越俎代庖、替代群众、包办本应群众自己去做的事情[②]。在当前乡村普遍空心化和老龄化的背景下，如何有效激活乡村自治共同体的组织力应该是乡村振兴背景下的当务之急，而强调让自治资源更多下沉到乡村基层的“一体两翼”型“三治”更符合当前中国百分之九十以上乡村的治理结构。

最后，建设多类型组合“三治”的善治之路。邓大才认为，“三治”融合或基层善治是一个多类型的“组合筐”，可以通过两两组合或多者组合实现高质量善治。郁建兴同样论证了类似的观点，提出了组合式治理的七种模式，其中“自治×德治”“自治×法治”和“自治×法治×德治”是三种最具有普遍治理效能的组合类型[③]。可以说“组合型‘三治’”为不同地区不同类型乡村提供更灵活的“三治”治理类型选择，有更强的实践性和兼容性。

基于学界对“三治”类型的划分，本书采用“三治”结合而非“三治”融合的说法以说明当下广大乡村的“三治”建设尚处于组合和相加阶段的“三治”治理体系，即郁建兴所形容的1.0版本阶段的“三治”相加阶段，而非“三治”融合作为“三治”结合更高一级的“融合”阶段。本书所论述的“三治”结合更多用以描述当下乡村的普遍现实，也即处于传统治理阶段的乡村社会。

第三节　新时代“三治”结合乡村治理体系的内涵

新时代“三治”结合乡村治理体系的内涵表现为结构、机制、理念三个

① 何显明．“三治”合一探索的意蕴及深化路径［J］．党政视野，2016（7）．

② 贺雪峰．资源下乡背景下城乡基层治理的四个命题［J］．社会科学研究，2020（6）：111-117.

③ 郁建兴．中国基层社会治理中的自治、法治与德治［J］．学术月刊，2018（12）：64-74.

方面：“体系化”的结构形态①、维护社会公正的治理机制②、“以人民为中心”的治理理念。

一、治理结构：体系化的社会治理

新时代“三治”结合乡村治理体系的内涵首先表现为一种“体系化”的治理结构③。熊万胜将“体系”描述为一种“中心-边缘”的权力与资源分布结构。这种“中心-边缘”的体系结构在中央主体集中统一下，允许多元社会力量并存，从而呈现出有主有次、一主多元的结构性特征。这种一主多元的体系化结构是和中国多元一体的社会政治结构深刻契合的，有着深刻的治理动因。中国封建社会时期，国家能力受治理成本和治理半径限制无法深入基层社会，代表国家的皇权只能通过中央集权的官僚制配之以儒家意识形态实现“皇权不下县”的简约化治理。这种治理模式难以有效调动国家资源，因而在近代遭到西方列强入侵而疲于应战④。中华民族的国家主体意识是在近代随着国家政权建设的加强而逐渐形成的，正是在这个过程中，国家治理的“体系化”要求浮出水面。

如何建立行动统一组织严密的主体，从而把分散无力的民众组织起来，是中国近代史上无数仁人志士对国家建设的共同认识。真正解决这一问题的是中国共产党。新民主主义革命时期，中国共产党领导全国人民进行了广泛的土地革命，并在中华人民共和国成立后又通过基层党组织全面动员和整合了整个乡土社会，把广大乡村社会纳入国家政权建构中去。中华人民共和国成立后，在赶超型现代化的压力下，国家只能通过向农村汲取资源来完成原

---

① 熊万胜指出“体系”是一种“中心-边缘”结构，中国的“三治”创新乡村治理体系是一个一主多元的架构。参见熊万胜．体系化：当代乡村治理的新方向［J］．浙江社会科学，2019（11）．

② 如前文介绍的自治、法治、德治分别是三种社会公正维护机制的表达形式。自治是通过民众自组织实现组织动员、利益代表、信息反馈的机制。德治是熟人社会通过习俗、文化传统、共识实现对社会秩序认同的维护机制。法治是流动社会中通过更普遍的公共规则维护个人利益，实现社会公正。

③ 熊万胜将治理体系描述为有“体”有“系”的结构，“体”在中心，“系”在边缘。参见熊万胜．作为社会结构的市场体系：以我国农产品市场为例［J］．中国研究，2011（2）：3-34．

④ 传统中国的乡土社会主要依赖于“士绅-地主”集团的封建宗法关系进行社会整合。这种社会整合层次较低，并在现代因素的冲击之下渐次解体。参见孙立平，王汉生，王思斌，等．改革以来中国社会结构的变迁［J］．中国社会科学，1994（4）：5-12．

始积累。新生共和国所采取的做法是通过"体系化"的办法改造社会结构——一是进行土改，将之前地主阶级所获农业剩余转化为国家原始资本积累，二是通过政党下乡和人民公社制度组织农民共同生产，从而保证了工业化和现代化建设的需要①。在这个过程中，党组织以国家治理主"体"的身份完全深入基层社会，统领社会各方"系"的力量，完成了乡村治理体系化的过程②。可以说近代中华民族从站起来，到富起来，再到强起来的过程，正是通过中国共产党深入基层社会，不断内化中华民族血肉历史的过程。新时代的国家治理体系建设的内核和根本要求更是完善党的体制性力量，通过发挥体制性权力和领导力，科学规划、沉稳建设的过程。

综上所述，新时代"三治"结合乡村治理体系的体系化结构表现为在乡村社会生活中处处发挥领导核心作用的基层党组织是主"体"，其他承担自治、法治与德治职能的社会各方是分"系"。

二、治理机制：社会公正维护机制

自治、法治、德治是三种不同的治理方式、治理技术，但其所表达的治理目的和功能却异曲同工——维护社会公正③。从村庄角度出发，自治意指自我管理，体现着共同体内部各组织（单位和个人）利益的协调和表达的功能，是实现乡村共同体行动单位的有效组织和动员机制④。法治代表着普遍（国家）的公共规则和秩序，可以理解为超越小共同体的更为普遍的规则和秩序实现机制。德治代表着共同体的教化与认同作用，是共同体秩序的文化支撑和保障机制⑤。

首先，自治是村庄利益的协调与表达机制。传统中国的乡村"自治"是由地方族长或乡绅控制，长期维持的"乡绅自治"。乡绅生活在基层乡土社

① 徐勇．乡村治理的中国根基与变迁［M］．北京：中国社会科学出版社，2018：15.

② 熊万胜．体系化：当代乡村治理的新方向［J］．浙江社会科学，2019（11）：41-50.

③ 从理念和技术两个层次出发，自治、法治、德治的理念层次可以理解和表述为治理规范、治理理念；技术层次则表述为治理技术、治理模式等。本部分内容侧重于从理念层面分析和探讨自治、法治、德治的机制和理念。

④ 贺雪峰通过对村庄共同体的研究，区分了由德治和自治两种不同价值类型驱动的村庄组织单位：行动单位与认同单位。实现自治的是行动单位，通过传统文化实现德治的是认同单位。参见贺雪峰．乡村社会关键词［M］．济南：山东人民出版社，2010：197.

⑤ 德治代表着文化的教化功能。费孝通在《乡土中国》中细致描述了传统文化的教化功能。

会，通过家户制传统和儒家意识形态实现自成一体、由内而外的家族式治理，使国家治理无须下乡直接管理[①]，由此保证几千年来封建社会治理的有效和稳定。中华人民共和国成立后，中国共产党重整了国家的社会治理结构。大量的国家行政组织、农业生产组织及群众组织建立起来，发挥起新社会的治理功能。20世纪90年代中期，随着社会的广泛流动，农村基层组织单位（人民公社）解体，人们原本依靠的协调利益、表达诉求、维护公正的基层治理机制就失去了效力。回顾这一系列基层社会治理历程可以发现，不管是传统中国的“双轨政治”，社会主义建设时期的人民公社组织，还是包产到户以后的村委会，这些基层社会治理组织之所以有效，都是因为社会治理信息流动的上通下达提供了组织渠道，使国民和国家政治上的、组织化的、常规化的联系机制得到了有效保障。

其次，法治为变动的社会提供了让人普遍认同的公共规则和秩序，是公共秩序的维护机制。费孝通描述传统乡土社会是“无讼”的社会，这类传统社会是高度稳定的熟人社会，经过“长期的教育已把外在的规则化成了内在的习惯”[②]，“生活各方面，人和人的关系，都有着一定的规则”[③]。人们自动地遵守这一规则，而不必需要外在的监督。与传统固化社会不同，现代社会是流动变化的社会，环境改变了，规定人们相互权利关系的规则也要跟着改变。因此，以法治为代表的制度规则被创造出来。“法治”是实现社会公正的公共品，它产生于人们授予国家的权威地位，国家通过法律确保制度秩序超越任何单一的利益。如果人们的正常利益受到忽视或被他人伤害，人们无从投诉，社会公正无从实现，国家及公共组织的正当性和合法性就无从实现。因此，法治不单意味着秩序和公正，更巩固着人们对国家和公共组织的归属和依赖，也是国民和国家政治上的、组织化的、常规化的联系机制。个人只有在法治的环境下，才可以不因迁徙——离开身边的组织——而发生权益的丧失，因为这些权益由统一的法律定义并保护[④]。

德治是社会治理共同体的文化认同机制。一方面，德治本质上说是一种文化认同，是将历史传承关系作为联系铸成社会共同体，通过意识形态教化

---

① 徐勇．中国家户制传统与农村发展道路［J］．中国社会科学，2013（8）：102-123.

②③ 费孝通．乡土中国［M］．上海：上海世纪出版社，2013：52，53.

④ 张静．社会治理：组织、观念与方法［M］．北京：商务印书馆，2019：205.

和传统价值观维系。传统可以理解为社会规则非正式的部分，这些非正式规则通过传统社会中的习惯、道德、惯例、风俗表达出来，作为内生于社会的制度，是反复博弈后形成的人们在日常生活中必须遵循的"定式"①。如果没有这些"定式"的支撑，社会的秩序就缺乏坚实的基础。习近平总书记提出"宪法法律的权威源自人民群众的内心拥护和真诚信仰"②，人们愿意服从新的规则和秩序，这种对规则的服从不单代表对国家力量的敬畏，更代表着认同——认同使尊重由内而生，尊重不受法规的限定，而是受道德的限定，所以合乎公认道德原则的法规，才能立根③。因此"法治"的建立健全需要借助"德治"的文化资源。

最后，德治更是内含于文化传统中的先在认同机制，这表现在传统和文化所具有的超越性和不可选择性：任何人都要受到传统这种无形的"教化"权力的影响。人们基于传统的关系和纽带是历史的、前在的、不可更改的。对于传统的认同不能基于行为的对与错或者价值原则的同意与不同意标准而建立，因为选择对错和同意与否都不能替代或改变历史和血脉关系，就像婴儿不能选择家庭，面对文化和历史，个体先天具有从属性，不存在选择和同意的问题④。因此基于文化传统的德治先天就有着先天性和不可抗力性。这赋予了德治对秩序维护的历史和文化的意义。

综上所述，不管是自治代表的自我行动与表达，法治代表的普遍规则，还是德治代表的文化和传统教化，这三种治理方式都承担着同一种社会功能——维护社会公正。自治、法治、德治正是"社会公正"维护机制的具体表达形式。进入新时代，在社会主要矛盾转换和国家治理体系现代化建设的大背景下，以自治增进活力，通过法治和德治的正式规则和非正式制度的协调并用的社会公正实现机制，符合并进一步扩展了新时代"三治"结合乡村治理体系的内涵。

---

① 苏力．阅读秩序［M］．济南：山东教育出版社，1997.

② 中国共产党第十八届中央委员会．中共中央关于全面推进依法治国若干重大问题的决定［M］．北京：人民出版社，2014：26.

③④ 张静．社会治理：组织、观念与方法［M］．北京：商务印书馆，2019：41，51.

三、治理理念：以人民为中心治理

治理意味着国家与社会的良性交流和互构。新时代的治理体系和制度安排更是时代主题精神的直接体现。“以人民为中心”作为新时代中国特色社会主义的本质要求，可以说深刻体现在新时代“三治”结合乡村治理体系的主旨表达之中。

回顾过去，社会主要矛盾和国家治理奉行的核心价值在国家与社会互构过程中起到了至关重要的作用。价值理念催生出相应的治理体制，治理体制是国家治国理念的外化。人民公社时期的治理体系是以集体化和行政化为主要特征，为实现赶超战略而形成的全能主义模式的治理。改革开放初期的乡村治理格局是以经济效益和维稳思维为导向的治理体系。在效益优先的战略安排下，一系列的考核指标和激励制度均围绕促进经济增长和维护社会稳定而设计①。在新时代社会主要矛盾发生改变的大背景下，社会治理思路同时进行转变：无论是新发展理念、供给侧结构性改革、乡村振兴战略，均要从治理民生化导向出发，着重提升农民生活质感和体验感。这使得新时代“三治”结合的乡村治理体系成为“以人民为中心”治理改革理念的外化实践②。首先，新时代“三治”结合乡村治理体系体现人民当家做主的治理本质。中国共产党始终秉持执政为民的核心理念，遵从群众观点、群众路线，以人民为中心完全把人民视作历史的最高价值主体予以确立。其次，新时代“三治”结合乡村治理体系尊重人民群众的首创精神。浙江嘉兴是伟大的红船精神的发源地，孕育着“开天辟地、敢为人先的首创精神”③。可以说正是中国共产党优良的文化传统和精神传承催生出新时代“三治”结合的创新治理体系。“三治”结合乡村治理体系是在浙江桐乡率先由村民发展起来的，其鲜明的实践特性就在于尊重人民首创精神以及贯彻群众路线④，是尊重人民首创精神与践行群众路线相结合的成果。

---

①② 张明皓．新时代“三治融合”乡村治理体系的理论逻辑与实践机制［J］．西北农林科技大学学报（社会科学版），2019（9）：17－24.

③ 李明，朱哲．红船首创精神的历史意蕴和当代价值［J］．南京政治学院学报，2018（2）：63－68.

④ 陈立旭．现代治理与传统的创新性发展：“枫桥经验”的启示［J］．治理研究，2018（5）：11－18.

第四节　新时代"三治"结合乡村治理体系的特征

特征是本体的结构和功能的外化。新时代"三治"结合乡村治理体系的特征表现为其本体属性的结构性特征、功能性特征和技术性特征。三方面特征从治理的主体结构到治理功能再到具体的技术实践，真正突出"三治"结合乡村治理体系从内涵到结构再到实践的理论与实践的统一。

一、结构特征：多元主体　党建引领

如前文介绍，新时代"三治"结合乡村治理体系的内涵之一是体系化的治理结构，党组织在治理结构中居于主体和核心的位置。党的基层组织工作条例明确要求，"党的农村基层组织应当加强对各类组织的统一领导，打造充满活力、和谐有序的善治乡村，形成共建共治共享的乡村治理格局"①。马克思主义经典作家尤其强调基层党组织建设的重要作用，"基层党组织应当有一套完整的体系，在工人阶级中，建立工人阶级的经济、群众、政权和先锋队组织。在这几类组织中，只有党才是领导者，它不仅要领导群众组织、经济组织，而且还要领导政权组织"②。党组织作为治理体系的核心，要体现的是党领导多元治理主体的功能和特征，而这种功能和特征是在中国近现代社会转型过程中积淀熔铸于中国社会的治理实践的。

近代中国能够成功将乡土社会向近代化整合，得益于政党向乡村的延伸③，而中国共产党正是近代中国乡土社会的整合者。传统中国的乡土社会主要依赖于"士绅-地主"集团的封建宗法关系进行社会整合④。这种社会整合层次较低，并在现代因素的冲击下渐次解体。面对西方列强的侵略，中国社会迫切需要有效的社会整合以实现作为一个整体的强有力的反应。因

① 中共中央党校党章党规教研室．十八大以来常用党内法规［M］．北京：人民出版社，2019：67.

② 赵曜．马克思列宁主义基本问题［M］．北京：人民出版社，2002：365.

③ 徐勇．"政党下乡"：现代国家对乡土的整合［J］．学术月刊，2007（8）：13－20.

④ 孙立平，王汉生，王思斌，等．改革以来中国社会结构的变迁［J］．中国社会科学，1994（4）：47－62.

此，在政治上塑造国民的民族意识，在组织上重构适合现代民族国家的一体化结构，成为近代政党社会整合的关键使命。孙中山领导的国民党是一个以上层社会精英为主的政党，由于缺乏深入和辐射基层社会的渠道，故无法实现有效的社会整合①。直到中国共产党将其组织机制深入到广袤的乡土社会，广大农民实现了一定的政治化、国家化，这种情况才真正改善。中华人民共和国成立后，中国共产党已经建成一个以基层党组织为核心的农村政治组织网络。广大分散的农民围绕党组织凝聚起来，中国社会的“团结力”也因此超越家族，进入到更广阔的国家共同体中②。在这一过程中，以党组织为领导核心的社会治理体系得以密织成形。

党组织是国家治理的微观动力机制。马克思和恩格斯曾用大量篇幅论述过无产阶级政党的重要性和先进性，表达了无产阶级政党应该对群众实行领导的重要主张。列宁尤其强调党的领导作用。作为无产阶级专政理论的首创者，列宁着重强调了坚持党的领导的重要作用：“我们是阶级的党，因此，几乎整个阶级都应当在我们党的领导下行动，都应当尽量紧密地靠近我们党”③，可以说基层党组织是实现对基层社会组织和动员的关键。

中国共产党的领导是现代化乡村治理体系建设的核心，是中国特色社会主义的本质特征，党的农村基层组织要“加强对各类组织的统一领导，打造充满活力、和谐有序的善治乡村，形成共建共治共享的乡村治理格局。”④改革开放以来，我国一直通过党建驱动和引领基层社会治理工作，在美丽乡村建设、脱贫攻坚、全面建成小康社会、实施乡村振兴战略过程中，中国共产党作为领导核心发挥了强大的政治优势和组织权威，不断完善国家制度体系，提高国家治理能力。可以说脱离了党的领导，新时代中国特色社会主义乡村治理体系将无从谈起。在新时代背景下，党领导国家治理的目标和使命更为重大，是中国社会治理无可争议的体制性、结构性命题，是新时代“三治”结合乡村治理体系的首要结构性特征。

---

① 王奇生．党员、党权与党争：1924—1949 年中国国民党的组织形态［M］．上海：上海书店出版社，2009：103.

② 徐勇．“政党下乡”：现代国家对乡土的整合［J］．学术月刊，2007（8）：13－20.

③ 王伟光．社会主义通史：第三卷［M］．北京：人民出版社，2011：158.

④ 中共中央党校党章党规教研室．十八大以来常用党内法规［M］．北京：人民出版社，2019：67.

二、功能特征：多元规范结合共治

平衡利益、维护公正可以说是当今社会治理的核心功能。传统农业社会利益相对简单稀薄，国家权力不必深入基层社会即可以实现有效治理。进入现代社会，经济发展的利益矛盾交织复杂，传统简约的一元化治理模式难以纾解以江浙乡村为代表的利益密集的现代乡村社会困境。进入新时代，尤其是党的十八届三中全会后形成的体系化治理思维，将自治、法治、德治从整体视角进行综合考量才真正凸显出乡村社会的治理有效。浙江桐乡"三治"体系就是动用多元主体、多元规范实现治理有效的复合式治理的制度安排。新时代"三治"结合体系正是将三种不同规范结合在一起的复合式治理模式①，三种治理规范的结合共用是这一治理体系的显著特征。

自治、法治、德治三种治理规范各具功效和特色。"三治"结合治理体系要求三种治理规范互相取长补短：在"一体两翼"治理格局下，自治主治，德法辅治。其中民众依靠自治行为规范实现公共生活有序，法治规范、德治规范作为公民自治规范的原则和方式，实现结合共治。在这种结合共治系统中，"法治是刚性底线约束，德治是柔性顶线约束，法律是成文的道德，道德是内心的法律"②，各自划定硬性和柔性的治理界限。自治规范是以《中华人民共和国村民委员会组织法》（以下简称《村组法》）为代表的内生村民自治规范，法治规范将国家意志通过《中华人民共和国宪法》《村组法》体现出来，在乡村层面内化为乡村自治章程、村规民约的文本表达形式，从而使国家法律和村民自治有机联通，保障村民有效表达、有序参与、合法监督。通过自治和法治规范的结合运用，村民自治健康发展，国家法治也获得了乡村资源与土壤，变得更接地气，良性互动。德治代表的乡村道德规范是中国传统治理的基因密码，实现的是低成本的文化教化规范。德治规范与法治规范结合形成德法相济，使法律获得道德的文化认同基础，而道德也有了国家意志作支撑，成为人们普遍敬畏的精神秩序。这在宏观意义上真正遵从

① 陈寒非从法律多元视角出发，根据生成机制将乡村治理规范分为正式、准正式、非正式三种规范类型。参见陈寒非．乡村治理中多元规范的冲突与整合［J］．学术交流，2018（11）：78－89.

② 习近平．论坚持全面依法治国［M］．北京：中央文献出版社，2020：165.

了依法治国和以德治国相结合的治理诉求，使法治和德治在国家治理中相互补充、相互促进、相得益彰，推进国家治理体系和治理能力现代化[①]。

总体而言，自治、法治、德治三种治理规范的结合是“三治”结合治理体系稳固运行的内在逻辑基础，“自治为基、法治为本、德治为先”[②]，三种治理规范在时间上体现共治，在空间上形成协同[③]，在作用上达成共生互补，从而实现降低社会治理成本、防控社会风险、增加社会包容性的目的，凸显中国特色社会主义乡村治理的显著特征和优势，是新时代“三治”结合乡村治理体系的功能特征。

三、技术特征：治理要素的系统化

新时代“三治”结合的乡村治理体系的技术特征表现为治理主体体系化、治理平台的系统化、治理工具的现代化。

首先，新时代“三治”结合乡村治理体系的技术特征表现为治理主体的体系化。国家治理体系建设的一个重要方面是广泛培育和动员多元治理主体参与社会治理，因此自治、法治、德治的主体维度是“三治”结合乡村治理体系建设的主要任务。根据“三治”结合体系治理主体的权力属性和结构关系，可以将“三治”结合治理体系的主体结构概括为“自治型主体主导，法治型主体指导，德治型主体辅导[④]。”由此体现出治理体系主次分明，功能结构互补的体系化特征。在具体实践中表现为以村委会等村民自治型主体为主导，党委、乡镇政府等法治型主体为指导，乡贤会、老人会等德治型主体为辅导的系统化特征。党组织优势体现在其拥有体制性权力和贯通融合体系的作用，通过有效化解冲突矛盾，统领和融合不同类型主体关系，促使治理主体各司其职发挥作用，形成自治为主导、法治为指导、德治为辅导的“一体两翼”治理主体的体系化结构。

其次，新时代“三治”结合乡村治理体系技术特征表现在治理平台的系

① 习近平．论坚持全面依法治国［M］．北京：中央文献出版社，2020：165.

② 张天佐．完善乡村治理机制　保持农村社会和谐稳定［J］．农村工作通讯，2019（2）：39-41.

③ 桐乡“三治”通过“一约两会三团”的治理平台实现有效治理的空间覆盖。

④ 陈寒非．从自治、法治、德治三个维度完善乡村治理体系［J］．人民法治，2019（1）：24-26.

统化。任何治理理念、治理技术的落地都需要切实有效的组织平台载体。组织平台载体通过与民众对接的组织机制，实现利益平衡、汇聚民意、表达诉求、形成反馈等一系列协调互动的良性循环，完成国家与基层社会的有效对接。浙江桐乡的"一约两会三团"可以说是当下最具代表性的治理平台（图 2-1）①。

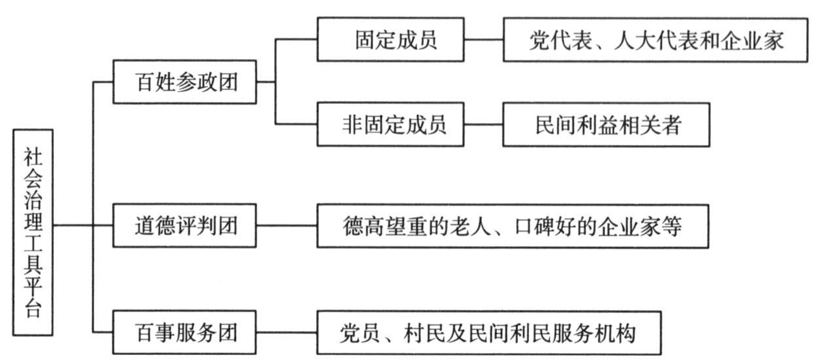

图 2-1　浙江桐乡地区乡镇社会治理"三治"合一模式的工具平台图示

桐乡"三治"平台的系统性优势在于确保自治平台可操作性和实效性的基础上，充分实现法治平台（法律服务组织）和德治平台（乡贤与道德评判组织）的系统性融合，从而打造出功能强大的治理系统——"一约两会三团"，既有自治平台，又有法治平台，又有德治平台，三者之间并行不悖，形成一套增益互补的治理系统。浙江桐乡正是通过功能强大、兼容性强的治理平台实现了治理主体、治理规范、治理机制的包容并举和完整统一②。

最后，新时代"三治"结合乡村治理体系的技术特征表现为治理工具的现代化。现代社会与传统社会最大的区别就是流动性的问题，大规模社会流动让传统社会治理工具捉襟见肘，而随着科技和生产力的发展，许多现代社会治理工具也应运而生，极大地提升了乡村治理效能。其中最具代表性的治理工具就是治理网格化、积分制和云平台。第一，治理网格化建立了一套发

---

① 见图 2-1：浙江桐乡地区乡镇社会治理"三治"合一模式的工具平台，引自胡洪彬．乡镇社会治理中的"混合模式"：突破与局限［J］．浙江社会科学，2017（12）：64-72。在桐乡社会治理中，"三治"结合最初是作为一个政治理念提出的，经过长期探索和积累，目前已逐渐形成了以"百姓参政团""道德评判团"和"百事服务团"等为载体的多维度工具性操作平台。

② 王晓莉．构筑社会善治的"三脚架"——破析桐乡"三治"融合的乡村治理机制［J］．中国领导科学，2019（5）：77-82.

现问题、报告问题、甄别问题、派单、处理问题、对处理效果进行评估的相对内部循环的系统，建立这样一个系统是为了及时发现问题和及时处理问题①。第二，积分制治理将乡村治理中各项事务转化为数量化指标，通过数量指标激励和约束村民日常行为。当下国家大力推动积分制在乡村治理中的运用，产生了积极效果②。第三，智能治理云平台是基于现代的互联网技术的现代化治理。在国家资源大举建设乡村的大背景下，过去乡村作为贫穷、落后的代名词得到了数字技术、现代互联网技术的重新定义，极大地提升了乡村治理智能化、精细化、专业化水平③。智能治理云平台通过将“智治”融入乡村“三治”结合治理体系之中，通过探索“网上参政”“线上治理”“线上村委会”“App 党支部”等互联网“治理”，拓展建设新时代乡村“科技支撑”治理体系的内涵和外延④。使乡村“三治”结合治理体系向信息化、数字化维度不断延展，“中国之治”呈现出更具中国特色的现代化智能和智造属性，具体如图 2-2 所示。

经济发展提供了良善治理的物质基础，良善治理反过来为高质量经济发展保驾护航。强大科技和创新实力是我国高质量经济发展的保障，雄厚经济基础支撑科技创新，反过来科技创新又为国家治理现代化提供技术支撑和保障，真正实现国内经济社会运转的正向循环。这是党的十八届三中全会提出全面深化改革，实现国家治理体系和治理能力现代化的本意，也是促进和引领我国下一轮产业升级、经济腾飞的战略之举。

总结新时代“三治”结合乡村治理体系的众多特征，可以说结构特征、理念特征、技术特征是“三治”融合治理的典型特征，其中结构性特征保证

---

① 比如海南琼海博鳌镇沙美村通过基层党建引领的“户联系、组协调、村处理、云化解”党建引领乡村治理机制，就是通过网格化和云平台进行现代化治理的典型。把基层党员作为乡村治理网络的第一级治理网格，村党支部选出党员中心户为户网格员，将村民家庭“分包到户”，每名党员中心户负责联系 10～15 户，通过上门走访、电话、微信等方式定期遍访网格内的“包户”，与邻里经常沟通，随时随地为网格“包户”处理力所能及的小事，对解决不了的矛盾和问题就可以通过手机或其他联络方式通过网络信息平台上报所属党组织（党小组）。参见农业农村部．国家乡村治理典型案例：一［M］．北京：中国农业出版社，2018.

② 《中央农村工作领导小组办公室　农业农村部关于在乡村治理中推广运用积分制有关工作的通知》中农发〔2020〕11 号。

③ 参见中央六部委 2020 年发布的《关于开展国家数字乡村试点工作的通知》。

④ 图 2-2 乡村治理数字化平台体系架构图，引自《全国乡村治理示范村镇典型经验》（浙江篇）中的《湖州市德清县阜溪街道五四村——实行数字赋能助力乡村治理》一文。

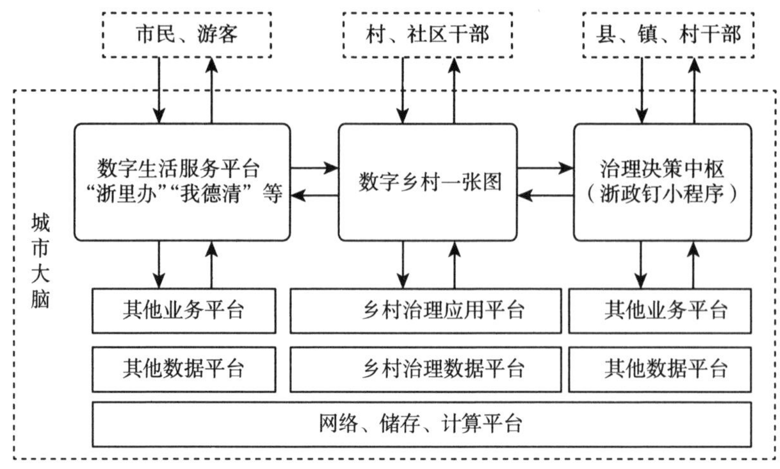

图 2-2　乡村治理数字化平台体系架构

治理体系的“主体-分系”一主多元的框架结构符合中国国情和现代化治理需求；理念特征保证治理体系中“自治”“法治”“德治”多元治理的规范复合作用，保证现代化治理体系的功能性作用；体系的“中心-边缘”结构和多元治理规范的特点决定了治理主体引用多样性的治理技术增效提速。三种治理特征共同打造自上而下的管理和自下而上的认同联接，并通过多元主体和治理平台完备新时代“三治”结合乡村治理体系。

第三章　新时代“三治”结合乡村治理体系的思想渊源

国家治理体系和治理能力不单是制度和技术层面的事情，更是思想和文化——意识形态的论证和支撑，是国家治理体系和治理能力不可或缺的部分。中华民族的伟大复兴必然伴随着文化的繁荣，迈向现代化的中国特色社会主义乡村治理体系的建设必须始终坚持马克思主义意识形态的领导地位，马克思主义经典作家的思想精华、中国化时代化的马克思主义的理论成果、社会主义现代化建设的先进文化、中华民族优秀传统文化、人类优秀的文化理论成果为新时代“三治”结合乡村治理体系的建设提供了思想理论源泉。

第一节　马克思主义经典作家的社会治理思想

马克思主义经典作家鲜有专门论述乡村治理的，但从其经典文献中可以找到大量关于人民自治、农村合作社治理、法治建设、政党建设的论述。这些为研究建设“自治、法治、德治相结合的乡村治理体系”提供了丰富的理论资源。

一、人民自治思想

马克思、恩格斯一生都在为人类解放和人的自由全面发展不懈探索。人民自治理论可以说是马克思主义经典作家始终关注的重要命题。随着马克思、恩格斯对资本主义民主批判的不断深入，其人民自治的理论主张也得到了完整的阐释。

首先，通过公社组织实行人民自治。卡尔·马克思认为人民的自治需要通过有效的组织机构来实现，而公社组织正是人们实现自我解放和全面发展的政治机构。"公社——这是社会把国家政权重新收回，把它从统治社会、压制社会的力量变成社会本身的生命力；这是人民群众把国家政权重新收回，他们组成自己的力量去代替压迫他们的有组织的力量；这是人民群众获得社会解放的政治形式，这种政治形式代替了被人民群众的敌人用来压迫他们的社会人为力量。①" 马克思认为实现人民自治就需要分权和代表，分权需要通过集体所有制中的公社组织实现。而人民代表是实现公社组织治理的主体，选出能够真正代表人民利益的代表是公社组织实现人民自治的关键。

其次，人民群众自我管理。列宁指出："家也不可避免地要消失。在自由平等的生产者联合体的基础上按新方式组织生产的社会，将把全部国家机器放到那时它应该去的地方，即放到古物陈列馆去，同纺车和青铜斧陈列在一起。"② 这说明，马克思的人民自治是通过对新社会的组织和管理实现的，人民可以通过选举公社代表来进行自治管理。马克思这样描述道："每一个地区的农村公社，通过设在中心城镇的代表会议来处理它们的共同事务……每一个代表都可以随时罢免，并受到选民给予他的限权委托书（正式指令）的约束。"③

最后，通过人民自治进行国家建设。马克思、恩格斯的人民自治思想更多是理论论证，并没有付诸实践。列宁作为其理论的继任者和践行者有机会在苏维埃社会主义国家亲身实践社会主义国家的人民自治理论。列宁指出人民自治是社会主义社会活力的源泉："生气勃勃的创造性的社会主义是由人民群众自己创立的。"④ 列宁详细阐述并明确了人民群众通过有组织的自治形式参加社会政策的制定、讨论、通过和实施，从而极大地扩展了人民自治的内涵。他旗帜鲜明地表示苏维埃社会主义国家的自治必须建立在法治的管束之下："我赞成地方苏维埃组织实行最广泛的自治，但是我认为……必须

---

① 中共中央马克思恩格斯列宁斯大林著作编译局．马克思恩格斯选集：第二卷［M］．北京：人民出版社，1972：413.

② 中共中央马克思恩格斯列宁斯大林著作编译局．列宁全集：第三十一卷［M］．北京：人民出版社，1985：197.

③ 马克思．法兰西内战［M］．北京：人民出版社，2016：61.

④ 中共中央马克思恩格斯列宁斯大林著作编译局．列宁全集：第三十三卷［M］．北京：人民出版社，1985：53.

有统一的、严格规定的财政政策，必须自上而下地执行法令。”①

二、人民法治思想

首先，通过法治调整社会关系。马克思、恩格斯和列宁在其经典著作中的法治思想首先表现为要通过法律调整社会关系、巩固国家政权。马克思认为同国家一样，法律是私有制与阶级矛盾不可调和的产物。“从某一阶级的共同利益中产生的要求只有通过下述办法才能实现，即由这一阶级夺取政权并用法律的形式，赋予这些要求以普遍的效力”②。然而，国家法治作为普遍认同的规则需要确立相应的社会关系：“把每天重复着的产品生产、分配和交换用一个共同规则约束起来，借以使个人服从生产和交换的共同条件。这个规则首先表现为习惯，不久便成了法律。”③ 只有当公共的生活秩序上升为人们普遍遵守的规则时，法律才正式成为人民意志的代表，由此法治得以兴起。

其次，维护法的权威和统一。列宁在苏维埃政权的治理中明确了法律权威的重要性，通过统一的法律把无产阶级和全体人民的意志统一起来。将党的政策和方针上升为国家法律，以此保证了社会主义国家法律的权威和统一。

最后，加强立法保障法治建设。列宁非常重视国家立法的重要性，他指出：“新政权颁布了符合广大人民群众的要求和希望的法律，从而在新的生活方式的发展道路上立下了里程碑”④。社会主义国家的立法要以党的领导和施政方针为依据，在确立人民主权的立场上加强党的领导。

三、合作治理思想

马克思主义经典作家的合作治理思想主要体现在关于农村集体合作社的大量论著中。其中以列宁晚年的经典著作《论合作社》最具代表性。

---

① 中共中央马克思恩格斯列宁斯大林著作编译局．列宁全集：第二十七卷［M］．北京：人民出版社，1958：358.

② 中国社会科学院马克思主义研究院．马克思、恩格斯、列宁论意识形态［M］．北京：人民出版社，2009：677.

③ 恩格斯．论住宅问题［M］．北京：人民出版社，2019：88.

④ 娜·康·克鲁普斯卡娅．列宁回忆录［M］．哲夫，译．北京：人民出版社，1960：361.

列宁在《论合作社》中围绕经济、文化、人才教育等多个方面就农村农业合作社这一合作治理共同体的思想主张展开了大量论述，形成了马克思主义丰富的乡村治理思想。首先，对合作社进行文化思想建设。列宁的农业合作社文化建设思想对新时代"三治"结合乡村治理体系建设具有巨大的指导意义，为新时代乡村治理体系建设提供了宝贵的经验借鉴和指导思路。其次，建设和发展合作社需要充足的经济基础。列宁指出农村合作社制度的确立和稳定运行需要有物质财力的有力保障。"任何一种社会制度，只有在一定阶级的财政支持下才会产生。"① "奖励参加合作社流转的农民，这种方式无疑是正确的。"②。按马克思"经济基础决定上层建筑"的理论，为保障合作社治理的有效发展，一定的经济激励措施必不可少。列宁对此明确指出："在经济、财政、银行等方面给合作社以种种优惠，这就是我们社会主义国家对组织居民的新原则应该给予的支持。"③最后，通过加强农村政权建设发挥地方积极性。列宁认为，农村建设的关键一方面要通过加强中央政权的领导，另一方面也不能忽视对地方积极性进行有效动员。其具体做法是在完善顶层领导与监督的同时，重视地方建设经验，充分发挥基层民众的首创精神。

第二节　中国化时代化马克思主义的乡村治理思想

中国近代社会发展承袭中国社会的乡村治理问题而来，回顾中国近代的革命史同时也是一部卷帙浩繁的乡村治理的历史。面对中国近代的乡村社会衰败，众多思想和行动的先行者争相为解决社会发展问题开出药方，唯独中国共产党真正洞悉了中国乡土社会的深层次问题。"如果没有毛主席，我们还会费更多的时间在黑暗中摸索。"④ 建党百年，风华正茂。中国共产党百年探索实践所形成和积淀的中国化时代化的马克思主义理论成果是新时代乡村治

①②③　中共中央马克思恩格斯列宁斯大林著作编译局．列宁选集：第四卷［M］．北京：人民出版社，1995：769，770．

④　社润生．杜润生自述：中国农村体制变革重大决策纪实［M］．北京：人民出版社，2005：217．

理不可多得的财富。

一、村庄治理思想

农民出身的毛泽东对中国农村治理有着深邃而细腻的认识。写于1934年的《乡苏怎样工作?》一文可以说是在江西土地革命时期指导农村基层政权建设和治理工作的意见书。

关于村庄的组织。毛泽东在《乡苏怎样工作?》一文中就指出，乡的治理半径不宜过大，“一切没有分村的乡，都要实行划分……但一般以划得小为好，村划大了不便领导工作。”① 村的领导组织要健全，村主任要能者居之。“村设主任一人，副主任一人，由乡代表会议在代表中推举出来，要推举各村代表们中间最积极最有工作能力的人充当。在有几个屋子的村，主任副主任不要选在同一个屋子里头。村主任担负督促全村工作之责，副主任帮助主任督促全村工作。”②村要通过选举村民代表进行民主管理，实现有保障的组织和动员。“实行每个代表分工领导居民群众的制度……根据代表能力的强弱，适当的分配人数，多的可以管至五十人至六十人，少可以只管三十人四十人。”③

关于如何领导村庄工作。毛泽东的意见是要重视全村大会和村代表会的领导作用，通过党的领导稳步推进村庄治理的组织建设。“村主任通常每十天召集全村代表开会一次……讨论怎样完成乡代表会议交给本村的任务，解决本村居民中间互相救济问题及小的争执问题。”④在通过会议统筹村庄整体工作外，要视村庄具体情况，由村干部和代表有针对性地对村民群众进行“包保”，尤其涉及地主富农要进行监督和震慑，巩固土改成果，疏导村民的不满和积怨。

二、组织农民思想

“组织起来”是毛泽东组织和动员农民的核心思想。中国社会尤其是底层农民的松散和无组织化状态可以说是近代中国穷、弱、散的根源所在，不管是孙中山还是晏阳初、梁漱溟都认识到了这一问题，但却都没能真正解决

---

①②③④ 毛泽东．毛泽东文集：第一卷［M］. 北京：人民出版社，1993：350，351.

这一问题。1949年9月30日，毛泽东在中国人民政治协商会议第一届全体会议中宣告："全国同胞们，我们应当进一步组织起来。我们应当将全中国绝大多数人组织在政治、军事、经济、文化及其他各种组织里，克服旧中国散漫无组织的状态，用伟大的人民群众的集体力量，拥护人民政府和人民解放军，建设独立民主和平统一富强的新中国。"① 可以说正是中国共产党在毛泽东组织农民的强有力思想指导下，实现了对广大农村社会的组织和动员，从而真正地提高了农民的组织化程度。

通过合作社将农民组织起来。对基层社会的组织需要载体和有效组织机制，农村合作社正是有效的载体。毛泽东尤其重视通过农民合作组织对农民的组织和动员："目前我们在经济上组织群众的最重要形式，就是合作社。"② 因为中国农业社会的封建王朝治理传统，农民处于自给自足的游离状态，要通过有效集体化组织才能真正实现对广大农民群体的唤醒与动员。"达到集体化的唯一道路，就是经过合作社。"③ 而农民合作社这种农民组织单位的组建一定要让农民达成认同意愿，成为实际上的农民认同的行动单位："无论叫什么名称，无论每一单位的人数是几个人的，几十个人的，几百个人的……总之，只要是群众自愿参加决不能强迫的集体互助组织，就是好的。"④

组织农民还需要有组织的核心和主体，动员和组织农民群众正是基层党员的核心使命。对党员如何深入群众进行细致的农民组织工作，毛泽东的要求具体而不失灵活性：党员必须做好表率，身先士卒，"我们共产党员，无论在什么问题上，一定要能够同群众相结合。"⑤ "我们共产党员应该经风雨，见世面；这个风雨，就是群众斗争的大风雨，这个世面，就是群众斗争的大世面。""我们应该走到群众中间去，向群众学习，把他们的经验综合起来，成为更好的有条理的道理和办法，然后再告诉群众（宣传），并号召群众实行起来，解决群众的问题，使群众得到解放和幸福。"⑥ 可以说通过充

---

① 毛泽东．毛泽东文集：第五卷［M］．北京：人民出版社，1996：348.

②④ 毛泽东．毛泽东选集：第三卷［M］．北京：人民出版社，1991：931.

③ 黄正林．陕甘宁边区社会经济史：1937—1945［M］．北京：人民出版社，2006：136.

⑤⑥ 中共中央整党工作指导委员会．毛泽东同志论党的作风和党的组织［M］．北京：人民出版社，1983：85.

分发扬党的群众路线作用，让党员、党组织无论是在生产劳动，还是群众运动中都充分发挥党组织和动员农民的作用。

三、文化改造思想

在封建社会，儒家的思想意识形态作为维护封建社会统治的基石，为人们提供了对世界全部的解释框架。历经千年，这套以科举制为外化的儒家意识形态已经完全内化于农民的内心，从而成为广大农民思想发展进化的巨大障碍。毛泽东洞悉封建文化症结提出了文化改造的主张——培养一种“民族的”“大众化”的新文化。正是通过这种“新文化”，中国共产党提出了对于基层乡村治理合法性权力的论述与解释。可以说“正是这种新的文化和意识形态使得原来一直卑贱的农民，可以理直气壮地走上并占据着权力的中心。”①

首先，走向人民群众的文艺路线。重新定义“文艺”成为毛泽东进行文化改造的首要选项。毛泽东在延安文艺座谈会上提出走向人民群众的文艺。“我们今天开会，就是要使文艺很好地成为整个革命机器的一个组成部分……帮助人民同心同德地和敌人作斗争。”② 可以说这与党的十九大报告中要求的“必须坚持以人民为中心的创作导向，在深入生活、扎根人民中进行无愧于时代的文艺创造”的人民中心思想紧密契合。

其次，通过文化下乡进行文化改造。通过文化下乡进行文化改造往往能起到立竿见影的效果。毛泽东特别强调党的文艺工作者“要下去，要到人民生活中去”③，深入乡村基层，实现对乡土文化思想的全面改造，其改造的具体做法是通过对传统戏剧进行文化宣传。可以说早在土地革命时期，中国共产党就把文艺工作作为渲染工农兵革命文化，宣传教育根据地民众参加革命的有力武器④。红军长征到达陕北后，大批文艺工作者怀着抗日救国的热情奔赴陕北，与红军中的文艺工作者、陕北当地的文艺工作者一起，为向根据地农民进行民族主义宣传提供了条件。起初的戏剧文化演出主要是以部队

① 张鸣．乡村社会权力和文化结构的变迁［M］．太原：山西人民出版社，2008：212.
② 毛泽东．毛泽东选集：第三卷［M］．北京：中央文献出版社，1991：848.
③ 沙健孙．中国共产党与抗日战争：下［M］．北京：中央文献出版社，2005：283.
④ 田酉如．中国抗日根据地发展史［M］．北京：北京出版社，1995：614.

和党政机关的专业剧团为主，但随着工作的深入，专业剧团的文艺工作者更深入地下到基层帮助培训村剧团，教村里的年轻人演话剧。这股新文化风格的戏剧浪潮有力涤荡了陈腐的乡风，成为中国近代农村的第一次大规模思想文化启蒙①。

时至今日，中国共产党当年对贫瘠农村所进行的文化改造仍有价值——当前的乡村面对西方文化的消费主义、自由主义的冲刷，农民本体价值失却，人生意义感淡漠。迷失了存在的本体价值，失却了乡村文化的滋养，人们悬浮于资本逻辑和商业文明的涤荡中，随波逐流……可以说在传统文化被西方消费主义浪潮冲刷和裹挟的今天，迫切需要文化改造的方法为农民和乡土文化铸造压舱石。因为乡村治理不单单是技术和实操层面的事情，更是关系上亿人民能心有所属、安身立命的重大选择。

四、创新社会治理

进入新时代，“全党要统筹中华民族伟大复兴战略全局和世界百年未有之大变局”，需要认清时代的特质，与时代良性互动，凸显的是中国共产党人实现以人民为中心的使命遵循。以习近平总书记为代表的中国化时代化马克思主义者在新世纪提出众多创新社会治理的思想，如乡村振兴、治理有效、社会治理共同体等，这些具有开创意义的乡村治理思想，为新时代建设“三治”结合乡村治理体系提供了丰富的理论和实践资源。

第一，乡村振兴开创乡村治理新格局。党的十九大提出乡村振兴战略，标志着国家与农民关系发生逆转，乡村将得到滋养和保存。进入了新时代，社会主要矛盾转变为我国乡村治理事业提供了前所未有的制度环境和发展空间。2018 年 9 月，中共中央、国务院印发《乡村振兴战略规划（2018—2022 年）》明确了乡村社会发展的顶层设计路线图。2019 年 6 月中共中央办公厅、国务院办公厅印发《关于加强和改进乡村治理的指导意见》，从具体实践层面为新时代的乡村社会治理创新明确建设和发展方向。

第二，社会治理共同体思想。社会治理共同体思想突破过往的条块分割的单一治理思维，从系统和全局出发，是新时代国情下对国家治理体系和治

① 张鸣．乡村社会权力和文化结构的变迁［M］．太原：山西人民出版社，2008：213.

理能力现代化建设的重大理论成果。党的十九届六中全会将社会治理共同体思想写入百年党史决议，提出“健全党组织领导的自治、法治、德治相结合的城乡基层治理体系……建设人人有责、人人尽责、人人享有的社会治理共同体”①，以党的历史决议的方式，将治理共同体的思想进行完全的表述，标志着中国共产党对于加强和创新社会治理已经有了更高标准的战略规划，具有重要意义。

第三，运用创新治理工具进行社会治理的思想。首先，通过村规民约实现治理的思想。村规民约在规范人们行为、维护公共秩序、调解纠纷、引导风俗方面都有着重要的价值和意义。2019 年，中央六部委发布《关于做好村规民约和居民公约工作的指导意见》提出运用村规民约健全和创新“三治”结合治理体系，明确了村规民约是当下阶段健全和创新党组织领导下自治、法治、德治相结合的现代基层社会治理机制的重要形式。其次，通过采用积分制实现乡村善治是新时代乡村治理的重要创新。2020 年《中央农村工作领导小组办公室　农业农村部关于在乡村治理中推广运用积分制有关工作的通知》肯定了通过积分制加强乡村治理体系和治理能力建设的积极作用，以示范引领的方式有力推动了积分制在各地治理中的有效使用，起到了积极效果，极大地拓展了“三治”结合乡村治理体系的实现路径。

第三节　中国传统文化中的相关思想

“中华文化独一无二的理念、智慧、气度、神韵，增添了中国人民和中华民族内心深处的自信和自豪②。”如习近平总书记所强调的，中华民族的傲人历史和文化，历经千年颠簸而不散，最终熔铸到代代中国人对乡土秩序和终极价值的追求之中——农民对终极理想的追求，对彼岸世界的敬畏，构造了人们为此隐忍和奋斗的“意义”系统，正是这种“意义”系统，积淀着

① 中国共产党第十九届中央委员会．中共中央关于党的百年奋斗重大成就和历史经验的决议［M］．北京：人民出版社，2021：50.

② 习近平．在中国文联十大、中国作协九大开幕式上的讲话［M］．北京：人民出版社，2016：4.

中华民族最深沉的精神追求①。可以说"中华民族生生不息绵延发展、饱受挫折又不断浴火重生，都离不开中华文化的有力支撑"②。中华传统农耕文化、治理文化正是这些精神追求的代表形式，这些宝贵的思想、文化会为新时代乡村治理接续传统走向未来提供现实的、历史的实践的依据。

一、传统农耕文化思想

古代中国社会是传统的农业社会，华夏文明植根和衍生自农耕文化。从农耕文化中找寻和挖掘传统中国社会的文化血脉、治理基因，结合新时代的要求实现创造性转化、创新性发展，有利于为新时代建设"三治"结合乡村治理体系提供思想和理论支撑。

第一，以道德规范人伦关系。如孔子提出君臣、父子、兄弟、朋友四类人际关系，并且将处理人际关系中的道德规范从家庭扩展至国家层面，从个人关系扩展至政治关系，深度塑造了中国后世的社会的伦理政治。农耕文化核心思想以"仁、礼为纲"，其中的"仁、义、礼、智、信"就包含了爱人、友善、诚信的理念，这些理念中的道德准则是中华传统美德的体现，也是社会主义核心价值观的来源之一，在基层治理和家庭建设中，应该汲取传统伦理政治的营养和智慧。

第二，为乡土社会铸造核心价值。儒家文化以蓬勃的入世精神为人们提供本体价值属性③。本体价值是人安身立命的根本。对士大夫而言，本体价值可以理解为"立功、立德、立言"。对一般人而言，本体价值则寄予家族的繁衍生息。可以说正是人们平凡而朴素的愿望共同造就了中华民族上千年延绵不绝的历史和文化。而当今社会所呈现的社会失调、文化凋敝正是被以西方市场经济为代表的现代性价值吞噬和冲刷所造成的结果。百年前梁漱溟

① 贺雪峰．农民价值观的类型及相互关系：对当前中国农村严重伦理危机的讨论［J］．开放时代，2008（5）：51－58．

② 习近平．在中国文联十大、中国作协九大开幕式上的讲话［M］．北京：人民出版社，2016：4．

③ 这种精神层面的价值，可以叫做本体性价值。本体性价值关心的是人与自己内心世界的对话，是一个人对自己生命意义给出的答案，是要处理个人与灵魂的关系问题，涉及人生的根本关怀和意义，是一个人得以安身立命的基础，也是各种宗教所要解决并被宗教自称已经解决了的问题。参见贺雪峰．农民价值观的类型及相互关系：对当前中国农村严重伦理危机的讨论［J］．开放时代，2008（5）：51－58．

所言的文化侵略和消亡所造成的“文化失调”[1]，今天仍在上演。幸运的是今天的中国共产党已洞悉人类历史意识形态的发展规律，通过弘扬中华优秀传统文化、红色革命文化精神、社会主义核心价值观构筑了一整套“中国特色”的文化价值系统，为我们新时代的“文化之治”，为中华民族的文化复兴打牢基础。

二、治理文化思想

中国有五千年的文明发展历史，早在春秋战国时期就形成了儒家、法家、墨家和道家四大思想体系，这四大思想体系对中国传统社会治理都有深刻影响，形成了鲜明的治理文化。四大思想体系中对社会治理影响最大的是儒家的德治思想和法家的法治思想。中国不同朝代的社会治理思想基本上是“外儒内法”，即以儒家的德治和法家的法治作为社会治理的基础。

第一，以孔子为代表的儒家思想倡导“礼治”“仁政”，追求建立在社会秩序有序发展基础上的德治。儒家思想倡导的礼治源于《周礼》，从汉朝《周礼·注疏》可以看到，《周礼》对国家治理机制和社会秩序均做出了详细规范。如《周礼·注疏》将大宰职能概括为掌管官僚机构、教育、礼仪、行政、刑法、民生等社会事务的六典。因此，孔子主张恢复周礼，在维护社会道德规范和生活准则的同时，将“仁政”纳入礼制范畴，形成了儒家的“德治”思想。施行仁政正是儒家思想体系的核心。为政以德，宽厚待民，倡导广大民众要遵从以尊卑等级为核心的礼法，社会精英阶层的士大夫应遵循“修身齐家治国平天下”的道德行为准则，“居庙堂之高则忧其民，处江湖之远则忧其君”[2]；统治阶层应施行仁政，即对百姓施行仁慈的统治。

第二，以管仲、商鞅、韩非子为代表的法家思想倡导以封建法治为核心进行治理。法家思想源于春秋时期的管仲，他将礼义廉耻作为国家治理基础，主张发挥礼义廉耻道德教化作用的同时，强调以法治国。管仲法治思想的核心是“礼法”并用，即以礼来维护君臣上下之别，以法来让全国上下奉统治者意志而行。战国末期，韩非子对战国时期法家的思想和实践进行了总结，

① 梁漱溟．乡村建设理论［M］．北京：商务印书馆，2015：23.

② 罗安宪．宋代文选［M］．北京：人民出版社，2017：15.

形成了法、术、势相结合的法治理论，如法为国本、“以法为教”①；严格执法，“法不阿贵”“刑过不避大臣，赏善不遗匹夫”② 等一系列法治思想。

第三，以墨子为代表的墨家思想所主张的“兼爱”“非攻”代表着对博爱、和平、团结、精英治国和简朴生活的追求，对于促进社会和谐发展，实现善治具有启示意义。墨子的治理思想主要体现在其《尚贤》《尚同》《法仪》《辞过》等著述之中，他主张任人唯贤，认为国君重视任用贤良，国家才可以生存。“察天子之所以治者何也？天子唯能壹同天下之义，是以天下治也。”③ 治理国家不能没有法度，但律法必须仁义、兼爱，“法不仁，不可以为法”“爱人利人者，天必福之，恶人贼人者，天必祸之”④；君主要天下大治而不混乱，自身必须清廉简朴，“君实欲天下之治而恶其乱也，当为宫室不可不节”⑤。

第四，无为而治的思想。老子主张以无为、简约之道治国理政，其经典表述如“我无为，而民自化；我好静，而民自正；我无事，而民自富；我无欲，而民自朴”⑥。老子的“无为”并非是无所作为，而是倡导在遵循客观规律和法律制度基础上，减少统治阶层的干预，充分发挥民众的自我管理能力与创造力，在官僚“无为”的同时实现天下大治，用现在的语言来说就是减少政府干预、发挥群众的主动性与创造力，实现社会自治。

三、乡村建设思想

十九世纪后期，面对西方经济、政治、文化、军事的侵袭，乡村社会首当其冲，陷入全方位的衰败之中。乡村运动派代表梁漱溟作为传统儒家文化代表从乡村文化建设角度为中国社会的转型提出建设性的措施。梁漱溟透过中国社会在近代经济、政治、军事的孱弱表象，着眼于更深层次的文化原因，指出文化的失调是中国近代社会崩坏的根本原因：“其千年相沿袭之社会组织构造既已崩溃，而新者未立；或说是文化失调……”梁漱溟进一步归

① 韩非子．韩非子·五蠹［M］．高华平，等译注．北京：中华书局，2015.

② 韩非子．韩非子·有度［M］．高华平，等译注．北京：中华书局，2015.

③ 墨子．墨子·尚同中［M］．方勇，译注，北京：中华书局，2011.

④ 墨子．墨子·法仪［M］．方勇，译注，北京：中华书局，2011.

⑤ 墨子．墨子·辞过［M］．方勇，译注，北京：中华书局，2011.

⑥ 老子．道德经［M］．麦田，刘斌，释义．北京：华夏出版社，2009.

纳出文化失调的原因在于“伦理本位的社会之被破坏”。因中国的传统农业社会以自己自足为特征，是“伦理本位，互以对方为重”，而西洋社会以资本主义市场扩张为本位属性，但自西洋风气输入，逐代以个人本位、权利观念，伦理本位社会乃被破坏。[①] 中华文化和西洋文化相比，一个是居中守成，一个是外向扩张，解决问题的办法就是要回到文化和文明的起点——乡土社会：民族自觉的头一步，便是觉悟到乡村，从这一步，就可以觉悟到一切，觉悟到我们原来的社会构造的特殊，觉悟到我们自有我们的前途。[②] 梁漱溟借此阐发出一整套乡村建设的方法。

在国民的思想觉悟上进行乡村政治文化建设。针对中国社会文化崩坏的问题，梁漱溟主张从农民政治教育开始，这也是乡村建设的重心：培养新的政治习惯，要从小范围——乡村着手。[③] 通过对农民进行政治改造由此培养新的社会主体和文化主体，以此实现民族振兴。梁漱溟将其概括为两层意思：所谓新政治习惯，我们本来说过二层：一是组织能力，二是纪律习惯；还有一层意思也很要紧：我们以前曾说了许多团体应当尊重个人，个人应当尊重团体的话，我们的团体组织对于分子在某一点上要消极地不妨碍他，在某一点上要积极地帮助他。由此观之，乡村运动的关键就是依靠农民自觉，从乡村组织出发，使乡村逐渐生长出新的社会制度。

梁漱溟的乡村运动思想充分肯定了乡村建设对于解决整个中国问题的基础性作用。基于对乡村崩坏的深刻剖析，他指出了乡村运动“创造新文化，救济旧乡村”的真正意义。主张以激发农民自觉力与构建乡村组织为关键点，推动、设计乡村运动的有序开展，以求从乡村内部渐渐生长出新的社会制度。经过改革开放，中国经济取得巨大成就的同时，中国的乡村社会却遭受着现代商业文明与传统农耕文明断裂产生的文化失调问题。现代经济社会的快速变迁冲击传统农民的乡土价值观，使保持了千年的稳定的村庄秩序及农民的价值世界发生改变，由此造成各种文化失调的问题[④]。因此，从文化建设角度探讨“三治”体系建设，尤其是在物欲横流的商品社会探讨传统的乡土价值观“君子爱财，取之有道”的道德文化建设问题，将物质利益需求

---

①②③ 梁漱溟．乡村建设理论［M］．北京：商务印书馆，2015：68，187.

④ 贺雪峰．乡村建设的重点是文化建设［J］．广西大学学报（哲学社会科学版），2017（7）：87-95.

置于社会主义核心价值观文化大背景之下讨论，通过文化和道德为当下充满物欲的世界提供道德文化的论证和支撑，梁漱溟为代表的乡村建设思想提供了不可或缺的思想文化启示。

第四节　现代乡村治理理论的借鉴

基于我国本土乡村治理实践的华中乡土派，可以说深耕中国本土乡村治理研究数十载，孜孜以求，成果丰硕，本书借助其乡村社会中观区域差异理论和微观村庄研究成果对"三治"体系的中层和微观层次实现贯通式研究，结合新时代背景的国家治理体系建设，使"三治"结合的宏观、中观、微观视角得以衔接。此外，对现代政治学的"善治"理论和美国的乡镇自治理论为代表的成果的借鉴，有助于新时代"三治"结合的乡村治理体系的建设和研究更具比较和开放属性。

新时代繁荣发展的马克思主义中国化理论坚持把马克思主义基本原理同中国具体实践相结合，同中华优秀传统文化相结合，同时还要积极学习借鉴人类文明的一切有益成果。无论是马克思的世界革命理论，还是中国共产党人的农村革命理论，抑或中国乡土智慧中的文化治理思想，无不蕴藏着"中国之治"的文化密码，是我们必须要审视和遵循的"定式"。然而千百年前的理论和思维更多的是从宏观角度审视和指导当下中国乡村治理更具普遍性的趋势和指导方案。只有打牢基础，着眼微观，真正深入到基层乡村社会中去研究和分析"三治"体系的微观组织、功能结构、作用机制才能真正得到新时代乡村治理的解决方案。基于此，我们把眼光转向现代乡村治理理论所提供的中观和微观的理论和分析视角，希望达到见微知著的效果。现代乡村治理理论借鉴了包括华中乡土派的乡村治理中观理论和微观村民自治理论、西方现代的"善治"理论以及美国的乡镇自治理论。

一、乡村治理理论

华中乡土派可以说是现代中国乡村政治学理论研究的集大成者。其针对中国乡村治理研究所提出的三大主题为本书深入乡村中观、微观领域提供了思路启迪和分析工具①。

其一，中观层面的区域差异理论。中观层面的乡村研究主要面向中国的东西部乡村和南北方的乡村。贺雪峰描述了中国农村的差异化结构，将中国村庄社会划分为南方农村、北方农村和中部地区的农村②。本书在华中乡土派经典的经济发展差异化标准基础上，将“三治”体系建设分为沿海现代型乡村和传统农业型乡村两类。通过比较不同区域自治、法治、德治的异同，提出具有区域适宜性和扩展性的“三治”理论。

其二，微观村级治理理论。根据地理、历史文化、经济条件的不同，任何一个乡村都有着自己的特点。本书从新时代社会主要矛盾转换的宏观背景出发，立足乡村振兴战略中不同区域（东南沿海地区乡村和中西部传统农业乡村），建立健全“自治、法治、德治相结合”的乡村治理体系的政策导向，着眼微观层面的村庄“三治”结合乡村治理体系建设。微观层面的研究着眼具体的村庄层面，“三治”体系的建设只有以村庄为着眼点才能从基础层面真正建设“三治”结合的乡村治理体系。乡村中观理论为新时代“三治”结合乡村治理体系的研究提供了一个比较的视角，在比较传统农业乡村和沿海现代乡村的“三治”差异的基础上，提炼出更具适用性的理论模型。可以说，放眼宏观乡村社会发展进行“三治”体系建设，着眼微观具体问题，比较区域不均衡差异，乡村治理理论为本书的研究和分析提供宏观的视野、中观的区域和理论比较、微观的具体对策。

其三，村民自治理论。按照马克思恩格斯的国家与社会理论，国家源于社会并最终归于社会。属于社会的权力最终需要回归社会，民主因素应当成

① 贺雪峰提出中国本土乡村治理政治学的三个研究主题：第一个主题是宏观层面研究和审视中国农村、农民的长远发展和现代化意义。通过对中国农村发展长远制约因素的思考，为乡村治理研究提供总体定位，它要具体回答中国现代化为乡村社会提供的宏观背景，具体回答乡村治理研究对于中国长远发展及中国现代化的意义，同时又要一般性地回答乡村治理制度与农民生产和生活方式，与农民在浸透着现代性的现代社会中的生存状况的关系，一般性地回答乡村治理制度在农村实践的机制、过程及结果。第二个主题是基于中国农村现实非均衡状况的判断，从中观层面回答地域庞大、人口众多的中国农村的区域差异及其原因和后果，尤其是制度安排对乡村社会性质有着深刻依赖，同一个制度安排在不同性质的乡村可能具有极其不同的效果。第三个主题村庄治理（或村组治理）是乡村治理研究的核心内容。这是对村庄的微观把握，这方面的研究，是乡村治理研究的基础，也是乡村治理研究的落脚点。参见贺雪峰．乡村治理研究的三大主题［J］．社会科学战线，2005（1）：219－224．

② 贺雪峰．最后一公里村庄［M］．北京：中信出版社，2017：4．

为在整个国家机体中创立自己的合理形式的现实因素[1]，最终实现社会自治，人类获得自由而全面的发展。自治可以说是"三治"体系中的基础和先决条件，离开了自治，"三治"结合乡村治理体系建设就成了空中楼阁。

张厚安、徐勇是村民自治研究的先行者和集大成者，徐勇的《中国农村村民自治》提出了中国村民自治的一整套理论体系。其继任者邓大才在徐勇的基础上进一步推进了村民自治的研究，提出了升级版的"规则型自治"[2]。"规则型自治"从村民自治的实现条件、现实基础等方面实现了更进一步的发展，对村民自治以治理有效为目标的微观单元有更高的要求。在此基础上，村民自治理论的研究视阈得以向基层治理的有效单元等更微观领域深入推进。不管是宏观视角的乡村现代化发展，还是中观的区域政策差异，还是微观的村庄治理，新时代的"三治"结合乡村治理体系建设都最终着眼于实现乡村社会的治理有效。从村庄角度深入探讨村民自治的治理有效单元必然为"三治"结合的有效实现提供理论和现实依据。

二、"善治"理论

"治理"一词在古代中西方社会早而有之。西方社会早在20世纪90年代就提出了现代"治理"理论。政治学者俞可平首先引介了西方"治理"和"善治"的理论立场和标准：治理主要目的是在不同利益关系基础上，对公民活动和行为进行协调和引导，以达到公共利益最大化的目的[3]。在西方治理理论基础上，俞可平归纳总结了实现"善治"社会的关键特征[4]。

在摒弃西方"善治"理论主张的基础上，我国本土政治学者提出了中国式"善治"的看法和主张。从事"三治"研究的江浙学者郁建兴认为融合式"三治"是现阶段实现善治的目标。华中派邓大才则将善治理论进一步本土

---

① 中共中央马克思恩格斯列宁斯大林著作编译局．马克思恩格斯全集：第一卷［M］．北京：人民出版社，1956：390.

② 邓大才在徐勇村民自治研究的基础上，进一步提出了以规则为核心的"规则型自治"。参见邓大才．中国乡村治理：从自治到善治［M］．北京：中国社会科学出版社，2019：119.

③ 俞可平．中国治理评论［M］．北京：中央编译出版社，2012.

④ 俞可平总结善治社会的十大特征：合法性、透明性、责任性、法治、回应、有效、参与、稳定、廉洁、公正。

化和具象化，从基层治理单元出发，提出了村庄善治理论。首先，基层治理单元要保障良好的经济生产、社会生活、政治活动的秩序。其次，基层治理单元要保障民众公平、公正地参与和讨论基层民主政治和社会治理。再次，实现低成本共治，即民众参与治理成本不能过高。最后，要保证稳定性并可持续①。比较学者们的观点，俞可平对国家善治提出的合法性、法治性、回应性、有效性、公正性理论从宏观角度为新时代的乡村治理提供了理论支撑，而邓大才的村庄善治则提供了深耕微观乡土治理的犀利工具。

审视中西方“善治”理论：中国作为后发现代型国家于近些年才提出走中国特色社会主义乡村善治之路。相较西方的发达资本主义国家治理，中国治理起步较晚，但我国自进入新时代提出国家治理体系建设和治理能力现代化后，在经济发展、政治制度、执政党稳定、意识形态建设、社会安全、民族融合、风险防控等各方面均对西方社会实现全面超越，凸显中国治理的制度优势②。新时代中国特色社会主义的“善治”必然为建立健全“自治、法治、德治相结合的乡村治理体系”的善治之路提供参考标准，为社会主义现代化国家的建设提供制度保障。

三、乡镇自治理论

西方基层治理的理论与实践有很多优秀成果能为我国新时代“三治”结合乡村治理体系建设提供借鉴。通过研究和借鉴西方优秀的基层治理理念和思想，为我国乡村治理事业的发展和建设提供启示和借鉴。

托克维尔通过对美国基层社会的调查，发现美国基层社会的德治是包含在“乡镇精神”中的，其乡镇德治思想也由此阐发出来。托克维尔指出美国人生活的主要空间区域在乡镇，人们通过对乡镇生活共同体的认同形成了其乡镇自治的精神内核：新英格兰居民之爱慕乡镇，并不是因为他们生于那里，而是因为他们认为乡镇是一个自由强大的集体。他们是乡镇的成员，而

① 邓大才．中国乡村治理：从自治到善治［M］．北京：中国社会科学出版社，2019：277.

② 世界百年变局的大背景下，21 世纪以来，以美国为首的西方社会普遍遭遇经济危机、政治动荡、种族矛盾尖锐、新型冠状病毒感染疫情肆虐、社会暴力此起彼伏等治理危机，其先发的“善治”理论在现实面前往往捉襟见肘。

乡镇也值得他们精心管理。① 在描述了乡镇精神内核的基础上，托克维尔进一步剖析了美国乡村德治文化与制度的有机融合。托克维尔形容美国的乡镇精神所形成的"民情"是一种人们长期执行早已习惯的民主管理制度的经验和习惯：民主制度逐渐深入人们的习俗、思想和生活方式，并反映在社会生活的一切细节和法治方面。②通过系统介绍了美国的乡镇德治和民主制度，托克维尔进一步阐发了美国自治文化更为重要的治理要素——乡镇法治，作为美国乡镇自治的正式制度的支撑。托克维尔认为，美国乡镇自治的良善和有效与美国先天的尊重契约的法治文化传统有关。他指出：在美国，每个人的私人利益都与他服从法律有关……美国人把这项立法看成是一份契约，认为自己也是契约的参加者③。托克维尔认为美国传承自英国法系的文化传统和社会政治、经济环境是让法治成为基层社会治理主要手段的最重要原因。托克维尔最后得出的结论是：法治比自然环境更有助于美国维护民主共和制度，而民情比法治的贡献更大④。可以说不管是法治还是民情，都是一种综合作用的结果，其最终的目标都是要以法治和德治促进和保障自治的效果。基于此，美国乡镇自治的经验和理论成果非常值得当下我国建设"自治、法治、德治相结合"的乡村治理体系借鉴和学习。

---

①②③④ 托克维尔．论美国的民主（上）[M]．董果良，译．北京：商务印书馆，1989：74，105，332，353.

第四章 “三治”结合乡村治理体系的演进及成就

社会的发展是沿着既定的轨迹进行的，“历史是至关重要的。它的重要性不仅仅在于我们可以向过去取经，而且还因为现在和未来是通过一个社会制度的连续性与过去联接起来的”[①]。新时代“三治”结合乡村治理体系是在中国特色社会主义进入新时代后提出的创新社会治理理念、治理模式，其形成、演进、发展有着深刻的历史动因。理清 1949 年以来我们走过的历程至关重要，只有清楚了来时的路，明确了所在的方位，才能更好地沿着社会主义现代化建设的正确方向前进。

第一节 我国乡村治理体系的演进历程

马克思说：人们自己创造自己的历史，但是他们并不是随心所欲地创造，并不是在他们自己选定的条件下创造，而是在直接碰到的、既定的、从过去继承下来的条件下创造。[②] 自中华人民共和国成立以来，我国的乡村社会经历了从“管制”到“管理”到“治理”三个历史阶段的治理变迁。每一个治理阶段无不与当时社会的时代背景、主要矛盾形成映照。透彻剖析与展示其主要内容和特征是新时代建设“三治”结合乡村治理体系的基础。按照学术界将中华人民共和国成立以来社会治理的演进过程概括为“社会管制、

---

① 道格拉斯·诺斯，罗伯斯·托马斯．西方世界的兴起［M］．厉以平，蔡磊，译．北京：华夏出版社，2017.

② 中共中央马克思恩格斯列宁斯大林著作编译局．马克思恩格斯选集：第一卷［M］．北京：人民出版社，1972：603.

社会管理、社会治理"三个阶段的主流观点[①]，本书把 1949 年至今的乡村社会治理演进划分为管控型、管理型、治理型三个历史时期和三种治理模式。

一、新中国"管控型"乡村治理体系

"管控型"乡村治理体制是由中华人民共和国成立后所面临的国内外紧迫形势决定的。第二次世界大战结束后，中华人民共和国虽然以完整主权国家的姿态展现于世界，但以美国为首的西方帝国主义国家在政治、经济、军事、外交等各方面对中国进行围追堵截。在后发工业国没有海外原材料和商品流通市场的条件下，中国选择发展重工业的道路只能是通过压榨农业剩余，通过工农产品剪刀差的方式实现国家原始积累。具体的做法就是建立一套高度控制的计划经济体制——在城市建立单位体制，在农村建立人民公社的一元化管控体系。这一整套"管控型国家治理体制"[②] 统筹国家一切资源，政府是政治、经济、社会生活的计划者和管理者，控制着整个社会的经济运行和社会管理。可以说这套高度集中的计划经济体制是后发现代型国家实现工业化的必然选择，符合当时中国的国情和社会的主要矛盾，使奋勇拼搏、吃苦耐劳的中国人可以在生产资源极为有限的条件下，短时间内生产出辉煌的工业化成果。但同时也要看到这种"赶超型经济模式"的发展弊端同样明显：计划经济抑制创新，人们被牢牢压服在各个生产岗位上，农民生活水平十年如一日……"管控型国家治理"是与当时历史环境下高度集中的计划经济体制相配套的社会治理模式。在城市表现为通过行政计划、单位体制、街道体制等强制性制度供给实现了对社会成员的有效控制，城市社会成员全面依附于单位和街道办事处。在农村则是通过走合作化道路，通过人民公社，由基层政府（人民公社）、基层组织（农村的生产大队、生产队等）负责实施，建立起纵向到底、横向到边的党政系统、群团组织系统网络，实现了对城乡基层社会各领域各环节全过程的有效覆盖。

① 魏礼群．坚定不移推进社会治理现代化［N］．光明日报，2019-09-09.

② 许耀桐．新中国的国家治理和 70 年的发展［J］．中国浦东干部学院学报，2019（4）：124-129.

治理为国家良性发展服务，与时代的主题遥相呼应。“管控型国家治理”是应中华人民共和国成立初期为实现国家安全和工业化建设战略需要催生出的典型的“强国家、弱社会”的国家治理模式，其强大的政治动员和资源整合优势为我国随后的改革开放发展打下深厚的基础。不过，这一体制也会造成社会活力不足、创造力枯竭等问题。因此，国家治理和乡村治理的方式亟须做出适时的调整和改变以适应社会的发展和需要。

二、新时期“管理型”社会治理体系

“管理型”社会治理模式是在改革开放后，党和政府在社会治理过程中优先考虑秩序和稳定的稳健选择。1978 年，党的十一届三中全会后党和国家首先考虑的是如何通过制度创新充分激发和调动社会活力和创造力。在农村，家庭联产承包责任制的实行让农民获得了经营自主权，由此摆脱体制束缚可以进城务工经商，社会中产生了越来越多的“自由流动资源”和越来越大的“自由流动空间”①。在城市，国有企业和集体企业的市场化改革在解决部分国有企业生产效率长期低下的同时，也引发了一部分国企濒临破产倒闭以及相当规模的国企员工“下岗”现象，过去的“单位人”成为被企业抛向社会的“社会人”。与此同时，城镇化进程的日趋加快以及非公有制经济的快速成长诱致大量农村劳动力离开农村和土地而流向城镇，社会分工日趋精细，形成了规模庞大、成分复杂的“社会人”群体，社会问题也随之而来，并呈现不断增加和复杂化的趋势。

新时期的“管理型”治理基本结束了农村基层社会管理 20 余年的集体管束。原有的“管控型”社会及由此形成的整体性和平均性的社会利益格局逐步被打破，社会结构日趋分化，多元利益主体开始成长。在这种情况下，基层社会领域的治理诉求、社会管理体制的适应性改革等问题被现实地提上了日程。为了直接回应上述时代问题，国家对基层社会的治理逐步从“单位体制”和“人民公社制度”分别转向“街居制”和“乡政村治”基层社会治理模式。

1992 年邓小平同志南方谈话之后，我国市场化改革进程步入快车道。

① 孙立平，等．改革以来中国社会结构的变迁［J］．中国社会科学，1994（2）：47－62.

全面深化改革的持续推进，促使社会异质性不断生长、不平等程度明显提升、社会矛盾冲突频现频发等一系列社会性问题，也给社会管理理念、体制、方式、手段等带来极大的压力。从理念上来讲，突破传统政府作为社会管控和管制的唯一主体，转变政府职能，强调和突出政府服务功能，需要吸纳日益增长的市场力量和社会力量。从体制上来说，建立注重公共性、社会性、自主性的社会管理体制，以取代过去政府一元化主导的社会管控制度；从治理技术和手段来说，改变过去简单依靠自上而下的、行政性的纵向管理路径，需要引入市场、社会以及自治力量。不过，政府行政组织力量仍然在这一阶段社会治理中发挥主体和主导的作用，市场力量、社会力量和自治力量仍处于附属地位，其角色还没有从被管理对象转变为协同管理的主体。

进入21世纪，在经济的快速发展过程中，民生领域的社会问题也在不断积累，并频发频现。2002年，党的十六大首先把"社会管理"提上政治日程并纳入政府职能之列。2004年，党的十六届四中全会做出"建立健全党委领导、政府负责、社会协同、公众参与的社会管理格局"的重大战略安排。全新的"社会治理格局"初步形成，但在概念上依然延用"社会管理"[①]。之后，在党中央历次重要会议中，我们党不断深化对社会管理的认识。但是，从发展角度来看，我国的社会治理任务变得更加繁杂和艰巨。改革和创新仍然需要持续跟进才能够更好地适应社会结构全面转型和经济社会快速发展。

三、新时代"治理型"社会形成发展

2013年，党的十八届三中全会首次提出"社会治理"的概念，"治理型"社会治理模式建设全面开启。"治理型"社会治理的形成与当今社会政治、经济、文化环境紧密相关。2014年是我国经济结构转型调整的关键时间，GDP增速低于两位数，经济转入中高速发展的新常态阶段。经济发展

---

① 王思斌．新中国70年国家治理格局下的社会治理和基层社会治理［J］．青海社会科学，2019（6）：1-8.

新常态的提出标志着我国进入新一轮经济增长的结构性升级[①]。经济发展新常态背景下，要求改变以往以经济效益为目标，通过投资驱动的外向型经济发展方式，转向更重视质量和效益的创新式经济发展。创新源自差异化策略，管控会限制社会的差异化活动进而抑制创新。因此，创新型经济驱动模式导向必然放松对社会的控制，给社会更多的自主活动空间。与新时代的经济形势匹配，创新社会治理成为“治理型”社会的主旋律。从“管理”到“治理”是党和国家深刻洞悉时代主旋律的逻辑选择，作为“第五个现代化”的国家治理体系和治理能力是社会主义现代化国家建设的关键命题。

全新经济发展理念下驱动的经济发展模式必然要求匹配更具创新活力的政治制度、社会治理生态。不同于此前的“社会管理”，“社会治理”呼应的是创新时代经济发展的声音，通过强调人民的主体地位，通过动员多元社会主体参与经济、政治、文化生活以增进社会活力，通过全社会的参与式治理，打造国家的治理体系，提升整体化治理能力。其治理优势、创新激发能力更是通过整个国家治理的主体结构体现出来：首先，中国共产党是当代中国的领导核心，为中国特色社会主义在新时代创新乡村治理体系建设提供根本制度保障。其次，有效发挥基层政府的主导作用。治理虽然强调社会力量和自治力量的有效参与，但在治理主体结构中，政府的主导作用仍然在实际运行过程中要予以强化。特别是在我国社会力量还比较薄弱的当下，政府掌握着治理过程中的政策供给、资源配置等权力，其主导地位和作用依旧举足轻重。只不过，需要改变的是政府角色的转换和职能发挥的方式。再次，发挥乡村自治组织的作用，推动乡村治理重心下移，激发村庄自治活力。结合村民自治法治化建设、村规民约的内生道德秩序，兼顾自治活力与社会稳定、现代秩序与传统文化，形成中国特色社会主义的社会治理“三治”模式。最后，借助在市场经济环境中充分生长的社会多元协同力量，在党的领导、政府负责、民众参与的体系化治理中，充分发挥其在纠纷调解、健康养老、公益慈善、文体娱

① 2015年11月10日，中共中央总书记习近平在中央财经领导小组第十一次会议上发表重要讲话，首次提及供给侧结构性改革。供给侧结构性改革的提出是我国经济发展模式转型升级的重磅举措。

乐、邻里互助等公共事业中的作用，在新时代社会主义现代化国家建设中充分发展。

通过回顾中华人民共和国建立至今70余年的历史可以发现，无论是“管控型”乡村治理时期的人民公社、“管理型”治理时期的乡政村治，还是“治理型”治理时期的“三治”结合创新社会治理，无不是与中国所处的国内外环境、社会矛盾的主要任务息息相关——治理是为时代主题、国家主要任务服务的。如果没有人民公社时期“管控型”治理的资源集聚，没有改革开放新时期“管理型”治理的国家经济建设，可能就不会有今天繁荣发展又充满活力的社会主义新时代。良性治理的主基调必须是国家与社会的良性互动，是与时代主题、国家建设中心任务的同频共振。

第二节 乡村治理体系建设取得的成就

中国社会乡村治理体系建设的历史，同时也是一部卷帙浩繁的社会建设史。在这个过程中，中国乡村治理取得了一系列举世瞩目的伟大成就，为社会主义现代化强国的建设打下深厚的基础。

一、国家治理与乡村治理有机联动

我国乡村治理体系虽然经历了从“管控”到“管理”到“治理”的发展，但国家治理体系与乡村治理体系的真正结合是在党的十九大提出乡村振兴战略之后。在“管控型”治理时期，国家在农村建立人民公社的制度体系与城市实行的“单位制”管控体系是二元隔绝状态，农民被牢牢管束在社队的体系下①。

1978年，家庭联产承包责任制的建立使农户有了生产经营自主权，从而瓦解了人民公社体制的经济基础。人民公社体制解体后，以乡政府为核心的“乡政村治”体系登上历史舞台。进入21世纪，经济政治体制变革、国

① 改革开放以前，中国实行城乡分割的计划经济体制，农民缺少流动，农产品受到国家较为严格的计划管制。

家外向型经济发展战略[①]、三大全国性市场的形成[②]，中国乡土社会呈现重大变局[③]。国家采取一系列取消农业税费、新农村建设[④]、国家资源下乡等举措，试图将乡土秩序重新整合进国家治理体系[⑤]。然而，农业税废除后，国家减轻了基层负担，同时也疏离了基层政权与农民的联系，基层政权与农民关系渐行渐远，基层政权呈现“悬浮化”[⑥]。进入新时代，中国社会在经济、政治、社会发展取得巨大发展的背景下，全新的整体化、立体式的体系化治理应运而生。

2013年是国家经济增长模式转型升级的关键期，政治体制改革将国家治理体系化和治理能力现代化要求提上日程，乡村社会被全方位纳入国家治理体系建设之中[⑦]，乡村治理体系建设的整体进度随着国家治理体系进程不断推进。在制度层面，2017年6月中共中央、国务院印发《关于加强和完善城乡社区治理的意见》促使城乡联系日益紧密，国家治理体系与乡村治理

---

① 改革开放后，我国把握经济全球化的重大机遇，不断扩大对外开放，实现了同世界关系的历史性变革。参见本书编写组．习近平谈治国理政：第二卷［M］．北京：外文出版社，2017：211。

② 贺雪峰详细描述了三大全国性市场的形成及影响：分田到户以后，农户具有了生产经营自主权，农户种大宗粮食作物与种经济作物广泛流通后，全国性农产品市场逐步形成；分田到户后，农民生产积极性大幅度增长，之前隐性农村富余劳动力大量出现，除了通过发展乡镇企业来吸收农村富余劳动力以外，大量农村富余劳动力在全国范围内流动，寻找各种务工经商机会。到2000年中国加入WTO时，全国劳动力市场基本形成；农村劳动力全国流动，打破了之前的传统婚姻圈，越来越多老少边穷地区女性嫁入富裕地区，使跨省婚姻普遍发生，逐步形成了一个遍及全国的婚姻市场。全国婚姻市场的形成进一步加剧了性别资源的单向流动，从而导致严酷的婚姻竞争。这种竞争改变了农村传统的代际关系、改变了农民家庭的策略模式，最典型的是农民家庭为了娶媳妇，而不得不到县城买房。当在县城买房成为农村婚姻的刚需时，在三大全国性市场压力之下，传统农村秩序也就解体了。参见贺雪峰．三大全国性市场与乡村秩序［J］．贵州社会科学，2019（11）：38-43.

③ 贺雪峰描述了乡土社会的千年变局：国家与农民关系之变、城乡关系之变、农民价值观之变，参见贺雪峰：《农民价值观的类型及相互关系——对当前中国农村严重伦理危机的讨论》《改革开放以来国家与农民关系的变迁》。

④ 2005年10月，党的十六届五中全会通过《中共中央关于制定国民经济和社会发展第十一个五年规划的建议》，提出要按照“生产发展、生活宽裕、乡风文明、村容整洁、管理民主”的总要求，扎实推进社会主义新农村建设。

⑤ 马良灿．中国乡村社会治理的四次转型［J］．学习与探索，2014（10）：45-50.

⑥ 周飞舟的研究呈现了基层政权的“悬浮化”状态：农村基层政权组织非但未转化为服务农村的主体，而且正在脱离与农民旧有的联系，悬浮于乡村社会之上，陷入财政空壳化、社会管理职能单一化的半瘫痪状态。参见周飞舟．从汲取型政权到“悬浮型”政权：税费改革对国家与农民关系之影响［J］．社会学研究，2006（3）：1-38.

⑦ 王微．新时代乡村治理体系构建研究［D］．长春：东北师范大学，2020：50.

体系实现有机联动。2017 年 10 月乡村振兴战略将建立健全城乡融合发展体制机制作为国家治理体系建设的主攻方向。2019 年 4 月，中共中央、国务院发布《关于建立健全城乡融合发展体制机制和政策体系的意见》，明确 2035 年城乡融合的治理体系机制建设目标。党的十九届四中全会对推进国家治理体系和治理能力现代化作出了全面部署。在行政体系架构层面，国家建立了中央农办牵头的全国加强乡村治理体系建设部际联席会议制度，有 10 多个部门作为联席会议制度的成员单位，共同协商和推进相关的工作。在地方，有 20 多个省份成立了领导小组，定期会商一些重大事项，也建立了相应的部门联动工作机制。所以，目前从国家层面到各级党委政府层面都形成了多部门协调推进工作的格局①。

总结以上，乡村治理作为国家政权体系的内在基础，经历了从近现代中国历史上的城乡对立，到改革开放新时期的城乡协同，再到新时代国家治理体系建设时期的城乡融合三个阶段。乡村社会治理一直与国家政治经济社会发展的整体要求紧密相关。正是新时代背景下的国家治理体系建设，给国家治理体系和乡村治理体系实现有机联动提供了场域，只有通过乡村振兴和国家治理体系、治理能力的整体性优化升级才能夯实我国建设现代化强国和现代化乡村治理的基础。

二、共建共治共享格局进一步成形

2006 年全面取消农业税后，农村基层干部不再向农户收税，减轻了农民负担，但同时也削弱了农民与干部和基层治理组织的联系，致使基层政权呈现“悬浮化”②，削弱了党和国家的治理基础。2006 年 10 月党的十六届六中全会提出《关于构建社会主义和谐社会若干重大问题的决定》，将建设“新型农村社区”作为乡村治理重要举措进行广泛推广。乡村社会通过自治下移、基层组织建设、完善村庄公共服务等各方面举措有力构建了新型村庄

① 2020 年 12 月 2 日，张天佐司长在农业农村部新闻发布会上回答记者的提问：乡村治理在“十三五”期间取得的五大方面成就：https：//www.360kuai.com/pc/9f2a76cc59200ac2e？cota＝3&kuai_so＝1&tj_url＝so_vip&sign＝360_57c3bbd1&refer_scene＝so_1.

② 见前述，周飞舟．从汲取型政权到“悬浮型”政权：税费改革对国家与农民关系之影响[J]．社会学研究，2006（3）：1－38.

社会共同体，明显提升了村落社会的凝聚力和认同感，使共建共治共享的社会治理格局得到进一步发展。

随着进入新时代的社会主要矛盾的重大转变，农民之于乡村治理的身份发生转变。在新时代的背景下，以人民为中心的立场要求社会的共建与共治，这使改革开放后的“乡政村治”的治理格局向新时代的“乡村协同共建共治”转换。新时代的农村社区致力于增强农民参与社区工作的积极性，加强与社区工作组织和干部联系，从而有效提高农民建设和治理乡村的认同感和主体性。可以说新型农村社区建设的根本目的就是要打造社会治理共同体，而社会治理共同体的精髓是“共建共治共享”——既是以人民为中心的发展思想在社会治理领域中的集中体现，又是人民群众长期以来在社会治理实践中形成的经验智慧和科学总结，更是推进社会治理现代化的重要制度保障。新型农村社区的治理给人们提供成为治理主体以真正实现社会“共建共治共享”的机会。在治理方式上，新型农业社区一改过往政府一元化治理格局，通过开放和征集民众的社区治理的意见建议，真正实现共建。在治理目标上，通过吸收多元治理主体参与社区治理，实现真正的共治。从治理效果上，通过共同的共建、共治打造所有人受益的治理共同体，良性治理的生态体系让所有人共享收益。

三、乡村治理的制度体系有效完善

中华人民共和国成立以后我国选择了一条优先发展重工业的现代化建设道路。对于先实现民族独立的后发现代化国家，在没有雄厚资金和工业生产原材料的条件下发展重工业可以说是举步维艰。我国只能选择通过从农村提取农业剩余的方式支持城市和工业化建设。改革开放以后，中国通过加入WTO开启了世界贸易的出口导向型的发展战略。大量乡镇企业崛起，农民从土地上解放出来，进入城市务工经商，支援现代化建设，农村成为中国现代化建设的稳定器与蓄水池①。自2006年沿袭千年的农业税取消，国家和

① 贺雪峰形象描述了乡村在现代化建设浪潮中给农民提供了可进可退的选择：经济上行时提供人力物力资源，经济下行时为进城农民提供保障，是中国现代化建设的稳定器和蓄水池。参见贺雪峰．城乡关系视野下的乡村振兴［J］．中南民族大学学报（人文社会科学版），2020（5）：99-104.

农民的关系进入到一个新的阶段。此时国家已经完成了工业化任务，进入工业反哺农业的乡村振兴的历史性阶段。党的十八大以来中国特色社会主义进入新时代后，党和国家把解决"三农"问题作为国家建设的重心，不断加大强农惠农富农的政策力度，扎实推进农业现代化和新农村建设，使农业农村发展取得了历史性成就，为党的十九大推出乡村振兴战略打下良好基础。2014 年我国经济发展进入新常态，呈现出速度变化、结构优化、动力转换三大特点①，此时农业供给侧结构性改革的推进和深入将为实施乡村振兴战略拉开大幕。

乡村振兴战略提出建立健全城乡融合发展的体制机制和制度保障，以产业兴旺、生态宜居、乡风文明、治理有效、生活富裕为总要求，加快推进农业农村现代化。在乡村振兴战略的大背景下，一系列具体惠农政策举措、制度法规相继出台，为我国乡村治理体系的建设健全提供经济、制度、立法、文化的全方位保障，宏观层面的制度体系日趋完善。2018 年 9 月，中共中央、国务院印发了《乡村振兴战略规划（2018—2022 年)》，对乡村振兴的制度框架和政策体系建设做出具体安排。2019 年 6 月《关于加强和改进乡村治理的指导意见》发布，明确了 2035 年之前"三治"结合的乡村治理体系的建设任务。2021 年 4 月全国人民代表大会常务委员会通过了《中华人民共和国乡村振兴促进法》，以国家立法的形式开创了我国乡村建设的历史，为全面实施乡村振兴战略，全面建设社会主义现代化国家提供法律保障。

在国家宏观层面的总体制度布局的完备基础上，各级各有关部门也在"十三五"期间不断总结和提升基层的实践探索，推动一系列制度安排创新。具体如建立健全积分制，用积分制来推进乡村治理，从一个小小的工作方法变成了各地的一种工作制度安排，中央农村工作领导小组办公室、农业农村部 2020 年 7 月印发《关于在乡村治理中推广运用积分制有关工作的通知》。又比如，在农村推进网格化管理，划小管理单元，实现网格的有序有效管控。再比如，推进小微权力的清单制度是宁波宁海县推出的一项举措，后来在全国逐步推广，现在更多的地方在基层推广小微权力清单制度，还有的地

① 2014 年我国经济发展正处于增长速度换档期、结构调整阵痛期、前期刺激政策消化期"三期叠加"阶段。

方推动了一村一法律顾问等一批符合农村实际的制度性安排，这些具有针对性的具体制度进一步完善了我国乡村治理的制度体系，为解决乡村治理面临的难题提供了有效的解决方案。

四、农村基层党组织建设成绩斐然

进入新时代后，我国从各个方面全面加强党的领导，乡村治理事业在党的领导下取得了显著成绩。

对于农村基层党组织建设，历次中央1号文件中都着重强调基层党组织对农村事业的领导和对自身建设的要求。2013年中央1号文件提出完善乡村治理机制，切实加强以党组织为核心的农村基层组织建设①。2014年将改善乡村治理机制作为乡村治理主题，提出农村基层服务型党组织建设要求②。2016年中央1号文件，着重从政治和组织方面强调党对农村事业的领导核心作用③。2017年中央1号文件提出深化农业供给侧结构性改革，将全面从严治党要求落实到农村基层，切实加强农村基层党组织建设④。进入2018年，国家将乡村振兴作为新时代“三农”工作的总抓手，党在乡村振兴事业中的领导优势开始全面体现⑤，颁布了《中国共产党农村工作条例》。2019年中央1号文件提出建立健全党组织领导的自治、法治、德治相结合的领导体制和工作机制，使党组织在农村基层社会的思想意识形态与精神文明建设、社会治理与公共服务、人才培养与队伍建设、农民组织与群众动员等各个方面发挥领导作用，党的影响力进一步提升。2021年党的十九届五中全会通过“十四五”规划，要求在新发展阶段下充分发挥农村基层党组织

① 参见2013年中央1号文件：《中共中央 国务院关于加快发展现代农业进一步增强农村发展活力的若干意见》（2012年12月31日）。

② 参见2014年中央1号文件：《中共中央 国务院关于全面深化农村改革加快推进农业现代化的若干意见》（2014年1月19日）。

③ 参见2016年中央1号文件：《中共中央 国务院关于落实发展新理念加快农业现代化实现全面小康目标的若干意见》（2015年12月31日）。

④ 参见2017年中央1号文件：《中共中央 国务院关于深入推进农业供给侧结构性改革加快培育农业农村发展新动能的若干意见》（2017年2月6日）。

⑤ 参见2018年中央1号文件：《中共中央 国务院关于实施乡村振兴战略的意见》（2018年1月2日）。

领导作用，持续抓党建促乡村振兴[①]。2022年中央1号文件从党和国家在从容应对百年变局和世纪疫情的宏观环境下，要求在新发展阶段、新发展理念、新发展格局下坚持和加强党对"三农"工作的全面领导。在充分发挥农村基层党组织领导作用前提下，着力推行网格化管理、数字化赋能、精细化服务工作，不断健全党组织领导的"三治"结合乡村治理体系[②]。2021年11月《中共中央关于党的百年奋斗重大成就和历史经验的决议》总结了一直以来在党的领导下取得的重大成就：党中央权威和集中统一领导得到有力保证，党的领导制度体系不断完善，党的领导方式更加科学，全党思想上更加统一、政治上更加团结、行动上更加一致，党的政治领导力、思想引领力、群众组织力、社会号召力显著增强[③]。

党的领导是中国特色社会主义事业稳步发展的基础，而农村基层党组织是党在农村全部工作和战斗力的基础。党的十八大以来，党中央高度重视农村基层党组织建设，推动各级党组织认真落实党要管党、全面从严治党要求，大抓农村党支部，建强战斗堡垒，取得了明显成效[④]。首先，基层党组织建设成效显著。截至2019年12月底，我国共有五十余万个行政村建立基层党组织，99%以上的街道、乡镇、社区居委会建立了城镇党组织，城乡基层党组织建设取得重大进展。其次，基层党组织干部队伍建设成果显著。全国累计选派43.5万名干部担任第一书记，派出277.8万名干部驻村帮扶。目前，在岗第一书记19.5万名、驻村干部77.5万名。基层党组织通过吸纳驻村干部，动员返乡人员、回乡大学毕业生、复员退伍军人扩充乡村建设的人才储备，极大地扭转了乡村人力不足的态势。最后，党员干部教育培训不断加强，基层党组织整体素质进一步提高。2016年开展基层党组织书记集中轮训，重点培训村、社区党组织书记60余万人

---

① 参见2021年中央1号文件：《中共中央 国务院关于全面推进乡村振兴加快农业农村现代化的意见》(2021年1月4日)。

② 参见2022年中央1号文件：《中共中央 国务院关于做好2022年全面推进乡村振兴重点工作的意见》(2022年1月4日)。

③ 本书编写组．中共中央关于党的百年奋斗重大成就和历史经验的决议［M］．北京：人民出版社，2021：29.

④ 本书编写组．党章党规党纪学习辅导：2019年版［M］．北京：人民出版社，2019：139.

次[1]。针对党的十八大以来乡村社会发展的一系列经济、政治、社会问题，农村基层党组织着力进行干部教育培训常态化建设，通过开展专题培训、分类培训和实地培训，有力提升整体素质，为乡村治理体系建设开创新局。

① 李海涛，石亚楠．旗帜遍乡野，堡垒村村强：党的十八大以来农村基层党建综述［N］．农民日报，2017-10-17.

第五章　新时代“三治”结合乡村治理体系的结构与类型

新时代“三治”结合乡村治理体系的结构特征表现在主体结构、权力结构、功能结构三个方面。前文介绍的新时代“三治”结合乡村治理体系的“党建引领多元主体”的结构性特征①，可以很好地体现出其治理主体、权力关系、功能结构关系：治理主体依据不同类型权力治理实践，表现为功能结构各异的治理结构和类型。新时代“三治”结合乡村治理体系是以人民为中心突出党建引领、多元规范相结合的现代化治理结构、机制和理念，其内涵和特征外化为“主体-权力-功能”的治理结构：多元治理主体依据不同的治理规范，通过不同的权力运作产生不同的治理效果，形成不同的结构特征，不同的结构特征表现为不同的“三治”结合结构类型。基于此，本章以自治、法治、德治所代表的三种不同的权力结构运行和现实表现为切入点，结合新时代具有推广意义的乡村治理案例，深入“三治”结合乡村治理的现实和实践领域，通过描述和分析不同权力结构主导的“三治”结合治理体系在不同类型、不同发展阶段乡村的具体表现②；通过分析论证不同结构特征、资源禀赋的典型案例的发展路径、建设经验，为我国整体建设和推进新时代“三治”结合乡村治理体系提供参考和建议。

① 参见前文：“2.4.1　结构特征：多元主体党建引领”。

② 本章案例选取以农业农村部自 2019 年开始发布的三批全国典型乡村治理案例为主，分析东部经济发达的现代型乡村和中西部传统农业型乡村。

第一节　新时代“三治”结合乡村治理体系的权力结构

权力问题关系乡村社会各种关系的确定与划分，是村庄治理研究的核心问题。杜赞奇在《文化、权力与国家》一书中提出了“权力的文化网络”概念，描述了村庄权力依托的“文化网络”在传统乡土治理中的关键作用①。费孝通将人类社会的治理权力进行了区分，提出了传统中国治理的横暴权力、长老权力（教化权力）、基于分工的同意权力、时势权力等经典的权力类型划分②。张仲礼等着重强调了传统中国的士绅阶层在农村权力结构中的重要作用③。仝志辉等将乡村治理的权力描述为村庄中占据优势资源者在促成村庄政治和社会生活的一致行动中支配他人的能力④。周庆智从治理权力的角度将乡村治理描述为，“由一个权威（政府）中心来决定所有乡村公共事务（乡村治理转型）。”⑤ 可以说合法地使用权力一直是政治学研究的关键问题，而治理的本质正是合法地使用权力，以实现社会良善治理的过程。合法性与社会公平正义相联系，以权力运作背后讲求的一套政治伦理作为支撑，即社会所普遍追求的正气正义、公平公正⑥。从权力结构的视角分析新时代“三治”结合乡村治理体系可以给新时代“三治”结合治理体系的理论和实践提供清晰的思路。

国家的有效治理需要一套稳定的权力系统，稳定的权力需要有一整套制度加以维护和支撑⑦。传统乡土社会治理权力的稳定运转建立在情理法的基础上。以法治为代表的正式制度和以德治为代表的非正式制度在传统中国治理体系中发挥着举足轻重的作用。进入现代社会，流动性打破了传统乡土治

① 杜赞奇．文化、权力与国家［M］．南京：江苏人民出版社，2003：15.

② 费孝通．乡土中国［M］．上海：上海人民出版社，2006：62.

③ 张仲礼，李荣昌．中国士绅［M］．上海：上海社会科学院出版社，1991.

④ 仝志辉，贺雪峰．村庄权力结构的三层分析：兼论选举后村级权力的合法性［J］．中国社会科学，2002（1）：158-167.

⑤ 周庆智．乡村治理：制度建设与社会变迁［M］．北京：中国社会科学出版社，2016：28.

⑥ 陈锋．治术变革与治道重建：资源流变背景下乡村治理困境及出路［J］．学海，2017（7）.

⑦ 贺雪峰．新乡土中国［M］．北京：北京大学出版社，2013：156.

理秩序，单独依靠法治和德治的治理格局在现实面前捉襟见肘。现代社会复杂的利益分化和治理诉求谋求多种治理规范和技术的结合运用以保证权力网络的稳定有序——“三治”结合的权力结构是由自治权力、德治权力、法治权力、政党体制性权力多方面权力相互支撑、论证的权力体系，其功能和诉求在于基层党组织领导下自治、法治、德治的有效结合、良性互动以实现新时代背景下治理有效的社会要求①。

一、基层党组织：融合式体制性权力

社会主义制度是中华人民共和国的根本制度。中国共产党领导是中国特色社会主义最本质的特征。中国共产党之于中国社会已有百年历史，百年来中国共产党通过领导人民进行伟大的革命、建设和改革，深刻嵌入到中国社会、整个民族的发展进程中。作为民族的主心骨，中国共产党通过发挥强大的政治聚合力量把整个社会、民族和人民史无前例地凝聚在一起，由此形成独具特色的体制性权力。这种体制性权力可以形容为费孝通所说的时势权力②，是党领导人民进行革命、建设、改革等一系列伟大实践确定下来的权力，是与时代共振过程中深刻嵌套到中国社会发展的领导权力。这种权力体制早在土地革命时期，伴随着党的先期组织、农村工作队、群众组织建设就开始深入基层乡土社会生根和发芽。中华人民共和国成立后，中国共产党基层组织在广大农村进行了全面而深入的发展，党的体制性权力得以全面确立。在社会主义改造完成后，基层党组织的体制性权力通过人民公社组织的

① 基层党组织代表党建权力。在革命年代党建权力可以表现为费孝通所形容的时势变迁的权力（见《乡土中国》，上海：上海世纪出版社，2013：72）。现如今党组织所代表的党建权力是一种与国家制度和性质密切相关的体制性权力。这种权力在国家治理中，一方面起到领导和主导的作用，称为体制性权力。另一方面起到弥合社会发展社会变动中产生的裂痕的作用，因此也被描述为融合性的力量，称为融合权力。如“法治”代表国家治理的正式权力，“德治”代表国家治理的非正式权力，当代表正式权力的“法治”进入乡村，往往会因为与非正式权力“德治”代表的乡土规则产生排斥。此时基层党组织代表的体制性权力（融合性权力）就可以通过自身既来自国家又根源于社会的二重权力属性进行有效协调。此时党组织既是领导者又是一线战斗堡垒，使国家治理权力实现高度融合统一。这种党的体制性权力（融合性权力）为社会主义中国独有，是中国特色社会主义制度的最大优势。这种特殊的制度和体制优势，使党组织可以将不同类型的社会主体和权力结构结合、融合在一起，组织乡村治理主体共同行动。

② 费孝通在《乡土中国》中介绍了权力的四种分类，分别是横暴权力、长老权力、分配权力、时势变迁的权力。

强力“管控”，使乡村社会权力结构表现为党委领导下的高度集权性和单一性。这种党委一元式的管控模式有力地保证了资源向国家工业建设输送的同时，又维护了乡村社会的稳定。在人民公社解体后，家庭联产承包责任制使以计划经济为基础的“管控型”治理的生态环境发生变化，此时国家适时调整了农村治理思路。在村民自治登上历史舞台后，《中华人民共和国村民委员会组织法（试行）》（以下简称《村组法》）更明确了中国共产党在农村的基层组织的领导核心作用，更加稳固了党的农村基层组织所代表的村级党组织的体制性权力。

本书所说的乡村治理中的体制性权力主要指以党的基层组织为载体的村级党组织的权力[①]。《村组法》规定：中国共产党在农村的基层组织，按照中国共产党章程进行工作，发挥领导核心作用，领导和支持村民委员会行使职权[②]。2019年新修订的《中国共产党农村基层组织工作条例》更加明确和加强了村级党组织的领导核心作用——村级党组织代表国家乡村社会治理的体制性权力，对村庄权力的运作具有全局性、普遍性的控制权，是村级权力的核心。

自中国共产党创立近百年来农村基层党组织的体制性权力仍然生机勃勃，其根源在于弥合国家与社会关系的双重属性：一方面具有根植于社会、深谙民意的社会性；另一方面是深嵌于科层体系内，具有官僚体制科层制逻辑与协调各方利益联系群众的社会性逻辑共同构成的“双轨化”特征[③]。基层党组织的体制性权力无论是在革命时期、建设时期、改革时期都能从时代主题和历史文化角度出发实现国家与社会的良性互动，有力地整合了中国社会的上下层结构[④]。改革开放以后，面对市场经济造成社会普遍的利益多元化、社会分化，农村基层党组织在面对急剧的社会变迁时虽有偏离社会属性

① 庄锡福，张纯广，邹宗云．转型期村庄权力诸因素分析［J］．华南农业大学学报（社会科学版），2006（1）：48-53.

② 全国人民代表大会常务委员会法制工作委员会．中华人民共和国法律汇编·2018：中册［M］．北京：人民出版社，2019：722.

③ 仝志辉，孙枭雄．新时代乡村治理新体系之“新”在何处：基于历年中央一号文件的比较分析［J］．福建农林大学学报（哲学社会科学版），2018（3）：1-6.

④ 徐勇．“政党下乡”：现代国家对乡土的整合［J］．学术月刊，2007（8）：13-20.

而强化科层属性的趋向①，但基于其社会属性同时可以通过与村民群众有效互动，实现正式制度与基层社会非正式制度、准正式制度②的有效融合，从而成为21世纪我国治理体系的重点，这种治理结构和治理优势，只有通过党组织的体制性权力实现。

党的体制性权力的体制性领导作用和融合性作用特征可以通过以下中央文件得以体现：《中国共产党农村工作条例》指出：加强党对农村社会建设的领导……建立健全党委领导的乡村社会治理体制③。2018年《乡村振兴战略规划（2018—2022年）》更是明确了党组织体制性权力在建设新时代"三治"结合乡村治理体系中的作用和定位：健全和创新村党组织领导的充满活力的村民自治机制。④ 2021年4月第十三届全国人民代表大会常务委员会第二十八次会议通过的《中华人民共和国乡村振兴促进法》第四十二条规定农村基层党组织的体制性领导作用：中国共产党农村基层组织，按照中国共产党章程和有关规定发挥全面领导作用。村民委员会、农村集体经济组织等应当在乡镇党委和村党组织的领导下，实行村民自治⑤。以国家法律形式确立了农村基层党组织在乡村治理事业中的领导权力和地位。

在具体的领导工作中，农村基层党组织的融合式体制性权力发挥着多种治理、各方主体的联接、协调、凝聚、激励作用。基层党组织通过加强村民自治组织建设，有序推进基层民主选举、民主协商、民主决策、民主管理、民主监督的"五个民主"，构建多层次、全方位的基层协商民主治理格局，使乡村自治健康发展。在推进乡村法治上，基层党组织要通过开展法治示范村建设，推进"法律下乡"工作，提高农民群众、基层干部法治素养，推进全面依法治理的基层实践。在乡村德治建设方面，农村基层党组织作为思想引领、意识形态建设的核心主体，要善于利用传统德治文化资源，通过道德

---

① 仝志辉，孙枭雄．新时代乡村治理新体系之"新"在何处：基丁历年中央一号文件的比较分析［J］．福建农林大学学报（哲学社会科学版），2018（3）：1-6.

② 陈寒非．乡村治理中多元规范的冲突与整合［J］．学术交流，2018（11）78-89.

③ 全国人民代表大会常务委员会法制工作委员会．中华人民共和国法律汇编·2018（中册）［M］．北京：人民出版社，2019：722.

④ 国务院研究室．十三届全国人大一次会议《政府工作报告》辅导读本［M］．北京：人民出版社，2018：300.

⑤ 本书编写组．中华人民共和国乡村振兴促进法［M］．北京：中国法制出版社，2021：16.

激励和约束机制，引导农民首先不断提升素养，为以德治国和依法治国的双管齐下的善治乡村打牢基础。

总之，党组织的体制性权力是使命性的、决定性的、事关全局性的权力，在乡村权力体系中居于领导核心的地位。在新时代“三治”结合乡村治理体系建设的权力结构中，党组织的体制性权力要通过联通和缩短国家和社会、国家和农民的距离，通过理顺和融合基层社会权力系统，让村庄权力良性、有序运转。通过重建村庄治理共同体，真正让村庄实现自我发展、自我管理和自我服务。在整个国家治理体系中真正发挥领导核心的作用，在具体的自治、法治、德治实践中真正联系群众、服务群众，提高自身的先进性、合法性。让党组织嵌入到各种类型的社会权力网络中去，撬动村庄社会资本，真正实现共建共治共享的治理格局。

二、村民自治：乡村内生性正式权力

村民自治权力是村庄内生性正式权力①。乡村社会人口居住分散、利益多元，难以形成统一行动。国家通过正式法律权力授予，允许村民通过民主选举的方式选举出代表其村民意志和诉求的自治组织单位——村民委员会，由其代替村民行使村民自治的权力。这种权力得到国家宪法和《中华人民共和国组织法》认定，具有法律效力，因此是国家正式权力。从实践角度说，无论是产业兴旺、生态宜居，还是乡风文明、治理有效都必须是建立在以农民为主体，充分调动农民积极性、主动性和创造性的基础上。而农民自治作用的发挥是尊重农民主体地位，释放农民积极性、主动性、创造性的根本途径。因此，村民自治所代表的自治权力可以说是“三治”结合治理体系权力结构中的主体性权力，是“三治”结合权力体系结构先决和先导性的条件②。

村民自治作为乡村内生性正式权力始于改革开放时期家庭联产承包责任制改革。家庭联产承包责任制使农民成为生产经营的主体，动摇了人民公社“三级所有，队为基础”的经济基础，公社时期的“管控型”治理随之解体。

① 吕洁．中国乡村社会治理模式研究［M］．北京：中国社会科学出版社，2021：150.

② 陈寒非将“三治”关系描述为：“法治型主体指导，自治型主体主导，德治型主体辅导”，见陈寒非．从自治、法治、德治三个维度完善乡村治理体系［J］．人民法治，2018（7）：24-26.

在这样的背景下，趋于对社会治安的迫切需要，1980年，广西宜州合寨村农民自发组建了一种全新的治理共同体——村民委员会。村民委员会作为中国农村基层自治的重要创新契合了当时时代背景下的基层民主化建设，迅速得到国家的认可。1982年，村民委员会以"基层群众性自治组织"的身份被写入《中华人民共和国宪法》（以下简称《宪法》）。1998年，全国人大常委会通过了《中华人民共和国村民委员会组织法（试行）》（以下简称《村组法》），规定村民委员会是村民自我管理、自我教育、自我服务的基层群众性自治组织，实行民主选举、民主决策、民主管理、民主监督①。《村组法》的出台代表我国以村民权力为本位的基层群众自治制度正式建立，现阶段我国村民自治的内生性正式权力正是来自宪法》和《村组法》。

权力的稳定运行需要一套制度和组织机制形成的权力结构予以保证。村民自治权力的稳定运行，除了村民委员会这一主体结构外，还有村民会议、村民代表会议、村民监督小组等制度，一起构成了一整套结构功能完整的乡村基层自治权力体系。

首先，村民会议和村民代表会议组成村民自治的权力机构。《村组法》规定村民会议可以制定和修改村民自治章程、村规民约②，确定了村民会议是代表村民利益的权力机关，事关村民自治的重大事项，如土地承包经营、村集体经济发展、宅基地使用、征地补偿等事项都要经过村民会议决定。《村组法》第二十三条明确规定了村民会议的主要职责，包括审议村民委员会的年度工作报告，评议村民委员会成员的工作；撤销或变更村委会、村民代表会议的不适当决定等③。村民代表会议是村民会议的代表机关，在农村人口较多且居住较为分散的情况下，由村民推选代表组成。设立村民代表会议是为了实现决策的民主化，村民代表会议是村民会议的重要补充④。

---

① 徐勇．中国农村村民自治［M］．武汉：华中师范大学出版社，1997：78.

②③ 全国人民代表大会常务委员会法制工作委员会．中华人民共和国法律汇编（2010）［M］．北京：人民出版社，2011：210，110.

④ 村民代表的权力来源于村民的授权与代表。村民代表由村民按每五户至十五户推选一人，或者由各村民小组推选若干名村民代表，由其所在的推选户或村民小组推选。村民代表应当向其推选户或者村民小组负责，接受村民监督。

其次，村民委员会和村民小组是村民自治权力运行的常设性工作机构[①]。村民自治是基层直接民主的集中体现，村民委员会既是处理村民自治日常具体事务的常设工作机构，受命于全体村民，代表村民大会和村民代表大会，是村民决策的执行者，接受乡镇人民政府的指导并协助其开展工作。《村组法》规定：村民委员会根据需要设人民调解、治安保卫、公共卫生与计划生育等委员会[②]。此外，为了便于管理，村民委员会可以根据实际需要设立村民小组。村民小组是村委会领导下的基层工作机构，是连接村委会与村民群众之间的桥梁和纽带，同时又在村民自治活动中居于中心地位[③]。总体来说，村民委员会和村民小组是乡村自治权力的承担组织机构，是村民自治组织中最重要的角色，起到联系国家行政管理与村民自我管理、国家与农民的桥梁和纽带作用。

最后，村务公开监督小组是村民自治权力的监督机构。列宁在描述巴黎人民公社通过建立人民自治组织实现人民自治时指出：普选权不是为了每三年或六年决定一次由统治阶级中什么人在议会里当人民的假代表，而是为了服务于组织在公社里的人民，正如个人选择权服务于任何一个为自己企业招雇工人和管理人员的雇主一样[④]。村务公开监督小组的创新是为了更好地实行人民自治，其主要职责是对村务公开实施状况的把控，如村务公开的内容是否属实、公开形式是否合理、公开时间是否及时、公开程序是否规范等；村庄权力行使是否规范有序，如村级权力清单化、用权程序化、结果透明化等。

综上所述，村民自治是村庄内生的，由国家法律确认的正式的治理权力。这种权力在新时代“三治”结合的乡村治理体系中居于主体性的地位，其目标是在党组织体制性权力的领导下，充分发挥农民在乡村建设事业中的主体性地位和价值，在中国共产党的领导下，为新时代的乡村振兴，为中华民族的伟大复兴，为社会主义现代化强国的建设作出贡献。

---

① 徐勇．中国农村村民自治［M］．武汉：华中师范大学出版社，1997：89.

② 全国人民代表大会常务委员会法制工作委员会．中华人民共和国法律汇编（2010）［M］．北京：人民出版社，2011：204.

③ 徐勇．中国农村村民自治［M］．北京：生活·读书·新知三联书店，2018：79.

④ 中共中央马克思恩格斯列宁斯大林著作编译局．列宁选集：第三卷［M］．北京：人民出版社，1995：602.

三、乡村法治：乡村外生性正式权力

西方思想家早在启蒙时期就从公正、自由、契约等各方面对法治进行了阐述，使法治成为促进资产阶级崛起的强大武器①。法治对现代性观念和制度的确立起到关键作用②。2014 年党的十八届四中全会提出通过推进依法治国实现国家治理体系和治理能力现代化建设。2020 年中央全面依法治国委员会印发《关于加强法治乡村建设的意见》指明乡村法治建设的具体要求，可以说法治建设对乡村治理体系和国家治理体系建设的重要性不言而喻。

马克思认为社会主义的法应该是广大人民意志的体现：只有使法律成为人民意志的自觉表现，也就是说，它应该同人民的意志一起产生并由人民的意志所创立③。人们只有认同和遵守共同的法律规则，只有建立正常的法律秩序，人民的自由、社会的公道与正义方有可能实现。新时代的乡村法治是国家制定或认可的，体现国家意志并凭借国家强制力予以贯彻的治理主体所共享的一整套知识、信仰、价值观和制度规范等。乡村法治是通过国家法律进行乡村社会治理，法治权力即代表国家和人民意志的正式权力。

相较村民自治是村民自发的内生性规则，乡村法治权力则是以国家公共法律为主导的外部规则的正式权力。费孝通讲传统的乡土中国是"无讼"熟人社会，在传统社会长老们通过礼俗对乡民进行文化治理，发挥作用更多的是非正式的制度和文化。但与传统社会不同，现代社会是高度流动的社会，适用于熟人社会的小范围的治理共同体规则对高度变动的陌生人群趋于无效化。人们为了降低沟通、协作和经营的成本，需要更具普遍性和预见性的公共规则——法律。因此恩格斯如此描述法律：在社会发展某个很早的阶段，产生了这样的一种需要：把每天重复着的生产、分配和交换产品的行为用一个共同规则约束起来，设法使个人服从生产和交换的一般条件。这个规则首

---

① 郁建兴．法治与德治衡论［J］．哲学研究，2004（4）：11－18．

② "法治可以说是西方现代性观念和制度确立的关键。"参见郁建兴．法治与德治衡论［J］．哲学研究，2004（4）：11－18．

③ 中共中央马克思恩格斯列宁斯大林著作编译局．马克思恩格斯全集：第一卷［M］．北京：人民出版社，1956：184．

先表现为习惯，后来便成了法律。[①] 国家承担了运用法律这一共同规则治理的角色：为更大的社会治理共同体提供人们普遍认可的规则秩序。因此，法治权力是国家基于人们普遍认可的社会秩序进行社会治理的公共权力，其权力的合法性来源于对寻求公共规则的认可。

在村庄治理实践中，乡村的有效治理必须实现村庄内生自治权力的合法性和权力运行的法治化，让自带乡土气息的村庄内部规则与更为普遍的国家现代法治规则接洽，成为更具效力的治理秩序。在这个过程中以乡村德治为核心的村庄内生性非正式权力不具备完全限制治理主体的行为能力，同时市场经济背景下的现代社会需要一套确定的、规范的治理文本以增强对现实世界的普遍预期。法治正是一套以现代责任和契约为核心的治理规则处理内部规则无法处理的事，以降低变动社会因治理规则分歧产生越界行为出现的频率[②]。其所代表的国家正式权力在“三治”结合治理体系中的角色和作用是规制乡土社会内生的自治和德治权力：以国家公共规则为边界和框架对自治权力、德治权力的运行范围予以要求和界定，保证乡村治理秩序的正向、有序行进。因此，法治作为村庄外生的正式权力是一种有形的规则，被称为乡村的“硬治理”[③]。这种权力超越村庄内生的正式或非正式规则：一方面，超越和弥补乡村治理中德治的不足，对任何越界行为加以制止和惩处。另一方面，在乡村法治化过程中，通过法治权力的规范有利于村庄内生的正式权力、非正式权力的界定。通过形成普遍的标准，使正式权力和非正式权力在合法标准内运行，使非正式权力在正式权力划定的范围内交流和互动，以带动现代化外部规则体系的形成。

自1982年《中华人民共和国宪法》彻底废除人民公社政社合一体制，乡镇政权体制重新成为国家政权体系的基础环节，乡村法治权力的运行主要由基层政府组织和实施[④]。“法治”以正式权力的硬栏杆形式呈现在社会治理结构中。进入新时代，在社会主要矛盾转换的大背景下，社会分化和利益诉求更加纷繁复杂，基层政府在国家治理体系建设中更是“任重道远”。高度繁荣的经济催生出高度繁荣的社会和文化，这对治理者的社会治理和

---

① 恩格斯．论住宅问题［M］．中央编译局，译．北京：人民出版社，2019：88.

②③④ 侯宏伟，马培衢．“自治、法治、德治”三治融合体系下治理主体嵌入型共治机制的构建［J］．华南师范大学学报（社会科学版），2018（11）：141-146.

利益平衡能力要求更高。基层政府作为乡村治理的规则制定者、践行者，同时也是受益者，要求基层政府更加审慎、科学、合理地使用代表公共意志的法治权力，不越权也不滥用权力，成为打造共建共治共享社会治理共同体的主导性力量。

基于以上，在新时代"三治"结合乡村治理体系建设中，乡村法治权力作为规制性的力量需要乡村基层政府在以下几方面进行加强和建设。第一，为乡村治理事业提供法治服务公共商品。乡镇政府并不必然代表国家法治的正式权力，但却是国家法治正式权力的最佳提供者。乡镇政府要根据自身条件优化乡村法治的公共服务供给，引导和开发社会和市场的公共服务潜能，发挥各个参与主体的优势，提高乡村法治治理的效果和效率。第二，合理利用乡村政府法治权力正确规范和引导村民自治实践。第三，成为乡村公共事务的合格规制者。乡镇政府要合理制定基层事务各项法律法规，为多元主体参与治理活动提供良好的制度安排，规范社区治理。第四，成为基层法治公权力的带头践行者。基层政府要为乡村治理的法治化建设矫正方向和目标，确保基层党组织和基层自治组织维护法律权威，完善法律监督机制，通过法治手段推动基层社会实现"良序善治"。

四、乡村德治：乡村内生非正式权力

传统的乡村德治是通过人们日常习惯、道德、惯例、风俗等非正式规范约束人们行为和观念的非正式制度。这些非正式规则作为内生于社会的制度，凝结了特定社会的环境特征、人的自然禀赋和人与人之间冲突及其解决的信息，是反复博弈后形成的人们在日常生活中必须遵循的"定式"[①]。传统中国正是通过乡村士大夫的道德教化才实现了低成本的简约式治理，为我国几千年来农业社会所呈现的稳定和延续打下基础。国家治理需要法律和道德协同发力，因此，德治可以归结为一种基于文化认同的治理，其权力的来源是对传统的服膺，是一种村庄内生性的非正式权力[②]。

德治权力的运行是通过文化的教化作用使受治者服膺，是以文化为媒介

① 朱苏力．阅读秩序［M］．济南：山东教育出版社，1997：21.

② 费孝通在《乡土中国》里把传统"德治""礼治"视为教化的"长老权力"。这种权力来源于传统熟人社会普遍遵守的传统和习俗，因此是一种基于同意的文化认同的权力。

影响和接受的双向互动的过程。这种权力来源于对文化的认同，因此德治权力可以描述为一种先验性的权力[①]：个体在传统和文化面前先天具有从属性，任何人都无法超越传统文化的力量。与法治、自治权力不同，这种德治权力的特征是文化教化、文化感召，其力量在于不可选择性，任何人都要受到文化这种无形的“教化”权力的影响。因为文化认同具有不可选择性，通过文化编织的纽带和人们的关系是历史的、不可更改的[②]。文化认同不能基于——行为的对与错或者价值原则的同意与不同意标准——而建立，因为选择——对错和同意与否——不能替代或改变历史和血脉关系，面对文化和历史，个体先天具有从属性。因为人自身受到出身、认识、血缘的影响，人们面对所处的文化环境无法选择，都处于这种文化的权力的浸润之中，所以这种德治的“文化”权力可以说是无处不在无时不在。有了这种文化权力的支撑和论证，乡村社会治理的体系基础才更稳固。习近平总书记指出法安天下，德润人心，所描述的正是德治权力滋润和涵养乡村治理权力体系的作用。在当今社会人际关系普遍功利化、理性化的趋势下，传统中国的人伦关系经常遭遇市场经济商业逻辑的拷问——市场经济的利益导向不断地瓦解传统的宗族、亲情、面子、声誉、道德、信仰以及共同的是非标准，在传统熟人秩序趋于无效、现代的法治规则尚未健全的情况下，新形势下的乡村治理将面临极大压力。

20世纪80年代乡村体制改革后，乡村自治普遍以建制村为基本行政单位，造成了治理半径过大、行政村建制的治理范围超出有效治理的约束边界等问题。作为乡村外生性正式权力的法规条文并不能完全适用村民自治的现实需求，造成行政治理与现实治理的不对称。为解决这种问题，一方面乡村德治的内生性非正式权力可以担当裂痕弥合者的角色：通过村规民约、村庄伦理道德，从村庄内部共同体普遍认可的规则秩序出发寻找村庄小共同体的“具体规则”与国家法治大共同体的“普遍规则”的接合点，实现具体与普遍的有效互动，使小共同体的“小”规则走出来，成为更具包容性和适用性的“大”的规则，从而生成一套村民认同度高和治理边界清晰的适用性更强的行为范本。另一方面，国家法治要把实践中广泛认同、较

①② 张静．社会治理：组织、观念与方法［M］．北京：商务印书馆，2019：64．

为成熟、操作性强的道德要求及时上升为法律规范，引导全社会崇德向善，获得丰富的治理资源。这正是乡村德治在“三治”结合乡村治理体系建设中的精髓。

新时代的中国是一个市场经济高度发展的社会，在变动的社会，传统已经变更，新的文化又没有被普遍接受，在这样的变迁社会中乡贤成为“德治”教化权力的承担主体。动员乡贤参与新农村建设和治理，是村民自治的有益补充，是基层社会治理模式的探索创新①。乡贤的内生性与本土性，凸显了“三治”结合治理的优势。其一，乡贤本质上是乡民，其内生于乡村的非正式属性使其成为最容易与民众接触和互动的同质性群体。其二，乡贤具备德治文化的先在属性，通过“礼”治和“理”治的认同教化，实现“惟贤惟德能服于人”。其三，乡贤的入场为自治赋能，为法治提供在地资源。乡贤可以为我国传统文化治理与现代法治治理提供传统与现代的过渡空间，有效缓解现代社会建设的阵痛，为市场经济提供信任和尊重的精神力量。

道德要发挥治理功能，必须与组织结合，即通过一定的组织载体才能够有效运行②。德治作为一种文化的权力要落地和有效的运行一定要有对应的组织结构和权力的运行载体。“德治”权力的运行载体有不同的称谓和类型，可以是“乡贤参事会”“道德评判团”，称谓不同但其职能类似，承担着连接传统与现代、传统文化认同与现代法治规范、乡土内生秩序与国家外在规则的有效接合的枢纽性作用。如浙江桐乡的乡贤参事会是以参与农村经济社会建设，提供决策咨询、民情反馈、监督评议及开展帮扶互助服务为宗旨，是一种公益性、服务性、联合性、地域性、非营利性的基层社会组织③。道德评判团则是乡贤德治权力执行的工作机关，通过道德教育、评判活动，创造良好的外部道德氛围，使百姓形成自己的道德评判标准，提升群众自身道德修养水平，进而促进社会公德、职业道德、家庭美德和个人品

① 参见桐乡市民政局2018年1月发布的《桐乡市培育发展乡贤参事会，深化基层社会治理实施方案》.

② 邓大才．走向善治之路：自治、法治与德治的选择与组合：以乡村治理体系为研究对象［J］．社会科学研究，2018（4）：32-38.

③ 参见桐乡市民政局2018年1月发布的《桐乡市培育发展乡贤参事会，深化基层社会治理实施方案》。

德养成。

总结新时代“三治”结合的权力结构，党组织是权力结构的核心架构，村民自治的自治权力是权力运行的主体和底层结构，法治权力搭建权力运行的边界和框架，德治权力提供润色和支撑。正是通过分析“三治”结合的权力结构才能更清晰架构、透彻理解和掌握新时代“三治”结合乡村治理体系的精髓和实质，从而推动其理论和实践研究拾级登高。

第二节 传统农业型乡村“三治”结合治理体系的建设类型

20 世纪 90 年代，随着我国城市工业化进程的加速，农村人口大量进入城市务工，农村呈现资源的绝对流出[①]，乡土内生秩序被破坏，乡村的治理陷入主体流失、资源不足的窘境，乡村社会越来越无序化。传统农业型乡村就是这类型乡村的代表。传统农业型乡村相对现代资源密集型乡村其村庄建设经济资源相对不足，无法像资源丰富的沿海乡村一样通过雄厚的地方财政建设乡村，更多需要依靠资源动员的方式集聚资源进行村庄建设。这类型村庄治理的要点就是结合地情人情的资源禀赋特征，集中优势打造突出发展的治理模式。这类村庄“三治”结合建设属于动员和驱动式的治理体系建设，通常表现为以自治优先的单一治理驱动，待村庄自治取得成效，具备治理共同体的人力、财力、制度、组织资源等基本条件时再进行适度扩展和倾斜，发展出以自治为驱动的“三治”结合体系。可以说是适合中国广大乡村的以点带面的渐进式、低资源投入的简约型“三治”结合建设类型（图 5－1）[②]。

一、村民小组：自治驱动下的“三治”结合类型

区域发展不平衡是我国社会的突出问题，加入 WTO 后的加工出口型经济结构导向，使中西部的广大乡村资源向沿海地区集中。中西部乡村的治理

① 见前文分析，国家与农民关系改变、加入 WTO、三大全国性市场形成。

② 图 5－1 传统农业地区发展串联式“三治”结合乡村治理体系示意图，由笔者自绘。

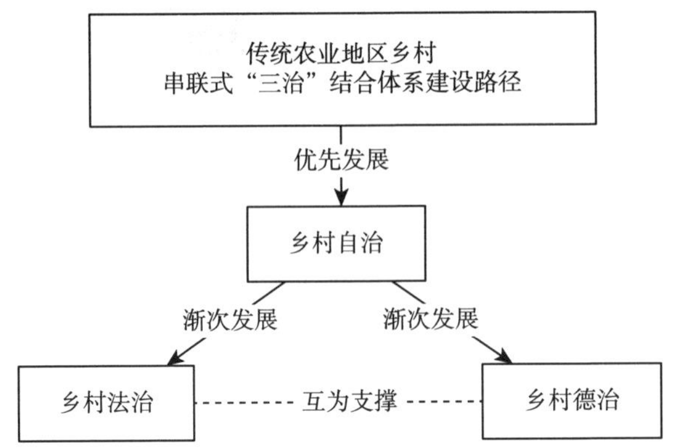

图 5－1　传统农业地区发展串联式"三治"结合乡村治理体系建设路径

突出表现为发展资源匮乏、青壮年劳动力流失、村民分布比较分散等问题，极大地限制了传统农业型乡村经济建设、社会治理的发展。这类中西部的传统农业型乡村的治理通常是由村"两委"来主导，因村庄利益稀薄村民对于维护自身权利、参与乡村政治的意识较弱，长期以来导致乡村自治基本流于形式。

村庄集体经济是乡村的内核，缺少村庄集体经济的内核，加之各种资源的绝对流出使村集体逐渐丧失了对村民的动员能力。没有了经济利益的驱动使村民缺少参与地方建设的积极性。这让乡村振兴背景下的国家建设资源在使用的过程中缺乏受益群体的监督，也因缺乏对受益群体切实诉求的准确把握而产生资源浪费与使用的低效率——"最后一公里"困境由此生成[①]。乡村振兴是一个国家资源反哺乡村的过程，通过建设资源的向下转移，激发集体活力，调动农民参与乡村建设的积极性，从而提高村集体的组织动员能力，是乡村振兴背景下的重点。以村民小组为代表的自治驱动"三治"结合体系建设可以说有力针对资源流失乡村的"最后一公里"困境，是着力打造资源流失型乡村人力组织集聚机制的对策。在乡村振兴背景下，自治驱动的"三治"结合体系建设的目标可以有效应对治理范围内治理人力资源不足的问题。

村民自治的很多制度设置继承了人民公社时期的制度安排。在人民公

① 贺雪峰．最后一公里村庄［M］．北京：中信出版社，2017：90.

社体制解体后，村民以村（原生产大队）为单位实行自治，在原公社基础上设置乡镇，村民小组成为村民委员会与村民群众的联系纽带。毛泽东在《乡苏怎样工作?》中就曾指明了乡村治理要下放自治权的要求：实行每个代表分工领导居民群众的制度。比如某村有代表十五人，有居民五百人，即将此五百人按家屋接近划分为十五个单位，分配每个代表管一个单位的群众，但不应该平均分配，而应该按照家屋的位置，代表能力的强弱，适当的分配人数，多的可以管至五十人六十人，少的可以只管三十人四十人①。村民小组是村庄内重要的基本行政单位，没有村民小组，国家与分散的农民就无从对接。因此，在合村并组使得村集体规模扩大化和社会结构松散化的背景下，如何将分散的农民组织起来就成为值得重视的问题。小组作为村庄内现存的深入人心的一种组织力量，小组善治能为基层治理的善治奠定坚实的基础。自治驱动的乡村“三治”结合体系建设类型就是以村民小组自治为突破口，着力解决人口流失造成的适合自组织力差的原子化乡村。通过下放自治权到村小组，有效缩减治理半径，以解决治理范围过大的问题。因此，将自治权下放到村小组将切实有效提升村庄组织力，打造具备行动能力的行动组织单位。当村庄具备基层自治组织能力后则可在村自治组织基础上根据村庄具体情况和资源禀赋进一步推进德治、法治建设。

村民小组的自治模式就是通过下放自治权力，激活村民自治组织。具体做法可以通过在自然村一级建设农民自组织的村民小组或自组织的“村落理事会”② 实现自治活力的激活。有了基本自组织和自治能力就有了村庄治理的内生秩序基础。再在这一组织机制基础上进行下一步的村庄治理建设：可以结合村情民情进行村庄建设，也可以进一步发展村庄法治、村庄德治，渐进性建设以点带面式的“三治”结合治理体系。

其一，湖北秭归自然村治理模式是通过下放自治权进行村民小组自治的典型代表。其具体做法是：划分自然村落与社区的边界（将县辖乡镇的1 338 个农村社区划分为 2 065 个自然村），在自然村层面成立党小组和“一

① 毛泽东．毛泽东文集：第一卷［M］．北京：人民出版社，1993：351.

② 如湖北秭归的“村落理事会”就是自治权下移到自然村所建立的自治组织单位，参见《全国乡村治理典型案例（一）》。

长八员"理事会（后发展为"两长八员"理事会，由自然村选举产生）（图 5－2）①。

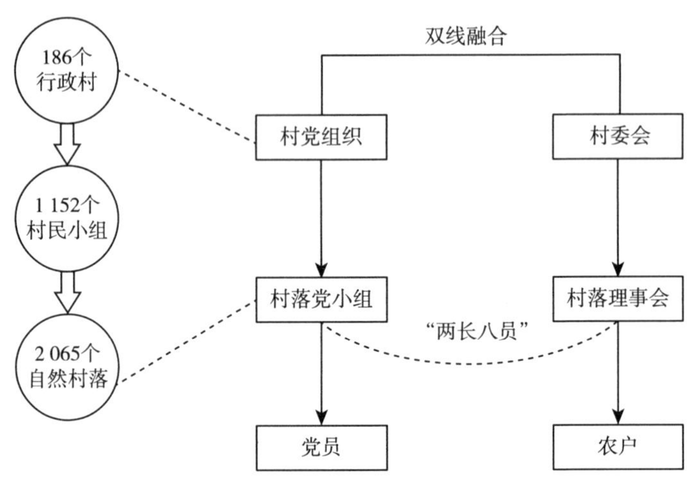

图 5－2　秭归县双线融合、三级架构的治理形式

湖北秭归乡村治理的典型特征即下放治权，通过以党务和村务为主导的自治向自然村下移，实现了村民自治由行政村向自然村的下沉②。从而有效激活村庄有限的自治资源，依靠有限资源实现治理有效。秭归的"幸福村落"自治驱动模式在随后的治理建设中逐步完善，发展成"两长八员"形式。激活村民自治的过程中，秭归通过坚持党的领导、激发能人带动、吸引群众参与和完善制度保障"四位一体"，实现了村民自治的目标，创新了建强组织的新思路，开拓了干群联系的新渠道，其后续发展则主要是通过强化制度规范进一步进行"三治"结合体系建设。

在国家实施乡村振兴大力建设乡村的大背景下，村庄的基层治理能力和共同体意志是对接国家下乡建设资源的重要保证。只有村庄具有共同体意志，采取普遍的团结一致的共同行动，这个村庄才有能力调动各方面资源建设村庄，从而达到善治。而良好的乡村治理和村庄建设都是建立在基本的村

① 图 5－2 秭归县双线融合、三级架构的治理形式，摘自《全国乡村治理典型案例（一）》。

② 案例来源贺雪峰对中部地区为代表的传统农业型乡村的长期基层调查，参见《治村》。《全国乡村治理典型案例（一）》也对湖北乡村治理典型进行了细致的描述，"一长八员"理事会成员包括村落理事长和经济员、宣传员、帮扶员、调解员、维权员、管护员、环保员、张罗员等"八员"理事。

庄组织能力和自治能力基础上的。没有基本的组织能力、自治能力，就无法动员乡村建设的真正主体——广大农民参与到乡村公共事务中来。因此，通过自治调动村庄的组织力和政治共同体意识可以说是新时代乡村振兴战略背景下进行“三治”结合体系建设的优先考量。

其二，建立介于乡村两级的党建示范区是弥补治理空缺、激活自治的另一典型做法。打造区域党建示范区的举措，既可以有力针对当前乡村治理工作因空心化导致的党员人数下降、组织衰弱、村庄党建弱化的趋势，又可以协调因治理区域孤立、不能连片，无法发挥协同效应造成的公共服务弱化的问题①。在农村人口外流、单个村庄统筹力量变弱的背景下，党建示范区可以协调完成一些单个村庄办起来困难的事务，从而实现整个社区的共同治理，发挥有效结合基层自治和示范区统筹的双重优势。通过设置结构功能合理的党建示范区，将有力解决乡镇管理幅度过大的问题，同时调动自然村的存量治理资源，在乡村“空心化”背景下实现党建引领和组织自治，进而推动“三治”结合体系建设。

党建示范区建设的具体思路是利用党组织强大的统筹能力，把基层方方面面的力量“统”起来，在乡镇区域范围内实现党建示范区管辖内的各村事务的统筹规划和具体操作。其具体的实现路径为区域党建、村民党小组、党员网格化联户及公共服务层级再造。首先，通过在乡村两级之间设置具有统合功能的党建示范区，指派一名乡镇党委委员和一名有多年工作经验的乡镇干部分别担任示范区党委书记和党委副书记。区域示范区内的村支部书记任党委委员，定期召开村支部书记、支委委员、党员参与的党委会来保持党员的先进性和积极性，从而保证党组织在基层治理中的领导核心作用。其次，在各村民小组一级设立正式的党小组。党小组对应自然村村小组的治理规模，党小组长定期召集党员开小组会，党员群众则在会中充分讨论村民的具体需求和实际困难。党小组会通过党员收集群众的真实意见和想法，实现村

---

① 郭杨汗青对山东招远地北头王家党建示范区建设进行了详细的考察和描述。参见：贺雪峰.走读中国之乡村故事：武汉大学社会学院本科生社会实践报告［M］. 北京：社会科学文献出版社，2020：139.

内需求表达和民主协商，以实现本小组内治理目标的整合与公共需求的转化①。通过党小组实现村民小组治理的有效联接，党员、村民组长、村民代表的组织架构将极大地增强乡村治理主体结构的功能性和稳定性。通过"党员联户+网格化管理"来引导党员参与村庄社会治理。党员联户的具体做法是在村庄层次编制一个可以收集反映地方情况、问题、信息的网格系统，联户党员需要对本网格内的信息进行收集、处理或上报，从而建立一个"示范区党委-村党组织（党建指导员）-联户党员（网格员）"三级管控的网格化管理体系。联户党员的职责是联络村民和发现所属片区问题。村民在实际生活中，遇到了困难可以及时将情况反映给联户党员，联户党员视情况先自行解决，如果不能解决则上报给村里，或者报更上一级的示范区，由上一级来统筹解决。对于所属片区内发现的问题可以通过手机随手拍和互联网信息平台保存和上传。党员联户网格化的管理系统一方面可以在激活在村党员的身份意识过程中，形成以党员党建为引领的村庄治理动力机制，另外也在"空心化"村庄中激活有效的治理主体力量，在不增加治理成本的同时，引导党员联户提高对村庄情况的掌握程度。最后，通过党建示范区引领区域公共服务。由市级和县级职能部门对乡村公共服务进行整合，将能够在基层综合办理的公共服务事项"下沉"到党建示范区办理，以此打造示范区主平台，其他各类社会公共服务"次中心"的治理格局。这种做法一方面可以有效缓解乡村社会人口流失造成的"空心化""过疏化"问题，另一方面，通过基层党建引领呈现的集聚和统领效应，带动了乡村治理资源和社会资本的集聚和保存。

二、自治法治化：法治推动的"三治"结合类型

费孝通所描述的传统乡土中国是"无讼"的熟人社会，是不需要法治的。现代社会需要通过法治来解决经济发展过程中产生的新的社会变迁问题。2014年随着我国建设高质量的新型工业化的需要，一些旧有的解释框架无法应对新的经济发展形势催生出的问题。在这样的背景下党的十八届四

① 易卓．党建嵌入乡村治理的组织路径创新：基于某省Z镇党建示范区的实践［J］．中国特色社会主义研究，2020（3）：102-110.

中全会提出全面推进依法治国的重大决定。

与传统农业型乡村通过法治建设分配国家下乡资源不同，沿海资源密集型乡村的法治化需着力解决因城镇化土地增值带来的利益分配问题。因此，传统农业型乡村法治建设的主要目的是通过更加精准具体的制度来防止村级小微权力的腐败，实现更有效的资源分配①。传统农业型地区乡村治理一个主要侧重点是公平分配国家转移资源，解决资源分配问题，正是在这种背景下产生了村民自治的“法治化”建设类型。这种法治建设的要点是在乡村自治基础上把乡村治理推上规范化、法治化的轨道，加强权力运行的规范化。如典型的浙江后陈村的监督委员会、浙江海宁的小微权力 36 条都是这种通过法治规范权力和乡村治理法治化、规范化的代表。这种做法治理成本较低，通常内生于转型乡村地区的治理需要。

吉林省辽源市东丰县创新“法治＋乡治”工作模式就是典型的法治推动的“三治”结合模式②。在传统农业型地区的经济社会发展中会面临许多社会矛盾、法律纠纷，需要法治咨询和调解，当地的一些社会治理组织可以在地方的法治建设中发挥作用。辽源市东丰县就通过地方法学会推进自治“法治化”建设，将东丰县法学会打造成具有社区治理和法律服务于一体的社会治理单位，使法学会这一社会组织兼具自治和法治的双重功能，通过提供法治化社区服务有效促进乡村自治法治化进程。在具体实践中，东丰县法学会通过下辖法律服务团队和基层法律服务站，在当地乡村经常开展法律宣传、法律咨询和矛盾纠纷化解工作，满足地方自治需求的同时更通过日常沟通疏导了解村民诉求，促进法治宣传，提升村民法治理解能力。

总体来说，法治建设可以为村庄的自治体系提供更多制度和治理的资源。然而，法治作为现代社会发展的必需品，其发展建设需要相应的组织基础和资源成本。传统农业型乡村的法治建设需要在一定自治基础上开展，真正实现自治“法治化”。村庄在有了一定的自治、法治的基础上，就可以更进一步发展村庄的德治建设。具体做法可以效仿前例，在自治体系建设基础

① 贺雪峰．论利益密集型农村地区的治理：以河南周口市郊农村调研为讨论基础 [J]．政治学研究，2011 (6)：47 - 56.

② 庄德通．吉林省东丰县法学会为乡村社会治理贡献法治力量 [N]．民主与法制时报，2022 - 2 - 25 (001).

上引入村规民约、“积分制”、道德模范树立等治理方法推行德治体系建设。典型代表如湖南秭归县通过出台《村落公益事业议决建管办法》《“幸福村落”建设考核标准》等乡村法治规范，有序推进“幸福村落”法治建设①。在法治化的正式“办法”“规约”取得一定成效的基础上，通过“幸福村落”的村规民约培育农民群众对村庄共同体的文化认同，进而实现法治与德治、传统与现代的无缝对接。具体做法包括通过现代积分制评价和考核农户的移风易俗、红白喜事操办；通过积分制考评乡村生态环境建设等一系列具有现代法治气息的道德建设活动推进法治与德治的结合。真正在自治、法治、德治的稳步推进中有序实现“三治”结合乡村治理体系的渐进发展，保证治理资源的集约利用，促进乡村社会的稳定和可持续发展。

三、乡贤理事会：德治引领的“三治”结合类型

中国的沿海乡村通常是经济水平发达的利益导向型乡村，这类型乡村需要以成文法律的正式制度为乡村治理权力运行的基础。但中西部的传统农业型乡村利益相对稀疏，国家法律作为外在乡土社会治理规则，在进入乡村中时往往因缺乏在地资源而处处掣肘。如在自然村一级的公共品供给过程中，村组干部的工作必须要依据具体的法律和政策规定。而在农村的具体事务中，完全依据法律规定极有可能处处碰壁一事无成②，使依据村庄外生的国家法律难以奏效。这种情况下传统农业型乡村因大多保存有相对完整的文化记忆，德治的非正式的治理模式在广大中西部乡村往往能发挥出更强的治理效能。

传统农业型乡村因为现代经济资源相对较少，更需要传统资源和村庄内生力量进行“三治”结合体系建设。建设德治引领的“三治”结合乡村治理体系通常是通过乡村内生性“德治”担纲者乡贤实现的。在传统文化和村庄认同保存较好的乡村，通过动员和发挥乡贤参与治理将有效提升村庄的治理共同体的能量。乡贤可以通过成立乡贤治理组织——乡贤理事会，发挥凝聚

① 彭军．创建“幸福村落”深化农村社区建设［J］．乡镇论坛，2013.

② 比如在具体的征地工作中，村组干部无法应对土地被占农户依据政策和法律规定所要求的占地补偿。参见贺雪峰．乡村社会关键词：进入21世纪的中国乡村素描［M］．济南：山东人民出版社，2010：31.

人心人力、提高村庄组织化水平的作用。比如在新农村建设中，江西乡村普遍利用传统宗族的组织结构成立乡贤理事会来进行村庄治理和新农村建设[①]。乡贤理事会治理的优势一方面体现在乡村利益的趋同和一致上。因为乡贤理事会是自然村内部推选产生的，理事会的利益边界与自然村的利益边界是一致的。这使乡贤理事会的治理结构更能代表村庄利益的汇聚，从而实现与自然村的熟人小社会无缝衔接。乡贤理事会治理的优势另一方面体现为对外和对上无缝衔接。乡贤理事会在基层党组织、乡镇政府的认可和领导下开展工作，这就实现了现代法理与传统文化认同的汇聚，既与传统力量密切相关，又与现代法理权威相关。从而呈现出全新的治理局面：将传统德治与现代法治形式结合，既避免了使用强制力时的不合法困境，又避免进村后国家法治力量难以调和村庄内部利益关系的困境，真正诠释了新时代“三治”结合治理的精髓。

乡贤理事会的治理精要在于有效成为既是村民认可的认同单位又是官方治理合法性的行动单位。贺雪峰描述了乡贤理事会在新农村建设中肩负自治和德治双重权力的治理优势——乡贤理事会是基于村庄宗族结构自治的、现代国家新农村建设法治的、传统宗族德治的权力交集，在社会主义乡村建设中成为一个既具有村民认同又具有国家治理合法性的实现自治、法治、德治的有机结合载体：既可以利用现代合法力量，又可以利用传统的力量，理事会就可以成为自然村一级乡村治理的重要力量[②]。成为村庄法治和德治的双重治理组织单位，既是行动单位（自治）又是认同单位（传统德治），同时还兼具国家法治力量的有力结合组织载体。

本节没有过多描述党组织在推进自治、法治、德治主体推进乡村治理体系中的建设作用。但毫无疑问基层党组织在“三治”结合治理体系建设中的作用至关重要。基层党组织是中国乡土社会凝聚的内核，是保证村庄组

---

① 乡贤理事会是这样一种组织结构，一般在自然村一级，由村民推举村庄内具有德行的乡贤5至7人组成，主要解决自然村公共事务。参见贺雪峰．乡村社会关键词［M］．济南：山东人民出版社，2010：231.

② 在新农村建设中，乡贤建设理事会既可以在面对诸如“钉子户”质问时有个合法性的交代（即理事会的决定是按照政策规定做出的，理事会是合法地做出进行新农村建设决定的结构），又避免了纯粹国家力量在完全依托法律来解决实际问题时的无力感。参见贺雪峰．乡村社会关键词［M］．济南：山东人民出版社，2010：256.

织效率和发展秩序的关键，是村庄共同体内部减熵达到极致的保障。不管是通过自治、法治、德治哪一方面的治理权力驱动的“三治”结合体系，党建引领都应该而且必然是治理体系建设的题中之义。党组织在“三治”结合治理体系中的建设是具体而又宏观的，无论是整体的治理思路的铺设，还是具体而微的自治组织的建设，党组织的体制性权力都发挥着至关重要的作用。

中国幅员辽阔，地大物博，各地乡村更是千差万别，可以说不存在一套普遍适用的治理模式。总体而言，新时代“三治”结合的乡村治理体系涉及多种治理主体、多种治理规范和治理机制，是一个兼容性和扩展性极强的复合式治理的范畴。市场经济的繁荣促使社会分化、社会利益复杂，亟须匹配一套平衡复杂利益诉求的治理技术。复杂的治理技术具有极高的治理效能，但同时也必将消耗更多的治理资源。我国中西部传统农业型乡村资源相对匮乏，为避免先进的治理技术和制度缺少现实生长的基础，本书认为中西部地区宜从建设相对简约的“三治”结合治理体系起步，立足于本地资源禀赋发展出一套简约实用的“三治”结合治理体系，随着基础条件的稳定和成熟循序渐进扩展其治理能效，脚踏实地建设一条新时代“以人民为中心”的“三治”结合乡村治理体系实现之路。

第三节　沿海利益密集型乡村“三治”结合治理体系建设类型

相比传统农业型乡村资源集约的特点，沿海地区经济发达的乡村因人口、财力资源密集更多地体现出扩展性的特征①。这些乡村因经济发展快，利益矛盾多，社会分化大，旧有的制度不适应新形势，为社会治理创新提供

① 贺雪峰在《论利益密集型农村地区的治理：以河南周口市郊农村调研为讨论基础》（2011）中提出利益密集型农村的概念。他指出利益密集型乡村主要分布在沿海发达地区如广东、江浙的农村，城郊农村如北京、上海、成都郊区农村。由于城市发展带动工商业发展，带来土地的非农使用，使这些地区成为与占全国90%的普通农业型农村完全不同的利益密集型农村。这些利益密集的农村地区，数量虽然很少，却具有与数量不相称的巨大吸引力，并在某种意义上主导了社会对中国农村的印象。本书引入“利益密集型乡村”的概念，研究和分析与浙江桐乡“三治”融合治理类似的沿海经济发达地区乡村的“三治”结合治理体系建设。

了有利的土壤。这是沿海经济发达乡村进行“三治”结合乡村治理体系建设的先发条件，桐乡“三治”融合的乡村治理就是在这样的地缘条件下浮现在公众视野。沿海地区乡村因为有着优越的经济发展条件，更有对全新社会治理技术的现实需求，因此这类地区的乡村可以凭借有利的财力资源、先进的治理技术打造一套现代版的“三治”结合治理体系。与传统农业型乡村“三治”结合治理体系着重从村庄内部培育自组织力起步不同，沿海资源密集型乡村“三治”结合治理体系普遍呈现地方党委领导、政府主导、国家法治规则的自上而下建设路径特征。沿海利益密集型乡村“三治”结合的建设类型有：党建引领的多元自治主体培育，政府主导的“送法下乡”，氛围营造为主的德治文化建设（图5-3）[①]。

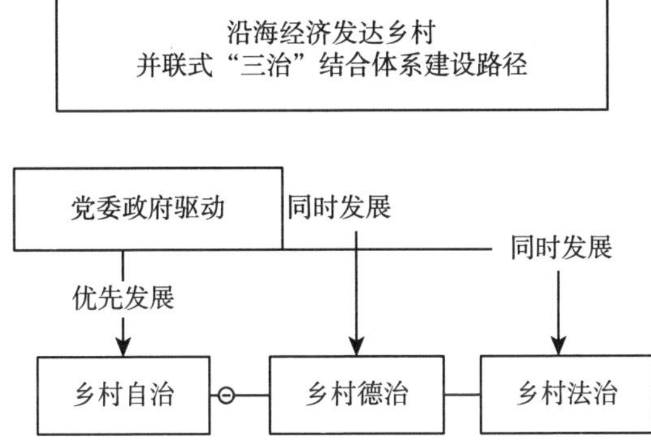

图5-3 沿海经济发达乡村发展并联式“三治”结合乡村治理体系建设路径

一、党建引领：广泛参与群众自治

沿海资源密集型乡村经济水平普遍高于内地乡村，经济发展的聚合效应使其乡村治理表现出两个特征。其一，强大的地方财力使地方党委和政府对社会经济、公共生活有着更为强大的治理和调控能力。其二，高速发展的市场经济催生出高度分化的社会利益，这些利益群体往往倾向于通过集结社会组织，通过政治途径表达利益诉求。其具体表现就是这类型地区乡村治理的“一主多元”特征。“一主”即地方党委和政府，“多元”是各方利益主体代

① 图5-3沿海发达乡村发展并联式“三治”结合乡村治理体系示意图系笔者自绘。

表的社会组织。因此，沿海经济发达乡村普遍呈现出党委领导、政府主导推进基层治理建设"三治"结合治理体系的路径特征。

其一，广东佛山南海区乡村治理就是突出了党在乡村治理中的领导作用①。其建设特点从两个方面表现出来。一方面，推出基层党建三年行动计划，通过自上而下的党建编织基层治理网格，健全基层组织体系，夯实党委在基层治理中"一主"的地位，提升基层治理的组织力。另一方面，创新社会组织动员机制，让群众成为乡村治理的主力军。在充沛的财政保障基础上，使村民群众的自主性得到有效发挥。在社区党组织的领导和主持下，社区的重大民生事宜的审议通过、监督实施，都在党组织领导的自治社区内实现。群众等各方利益群体、社会组织通过网络提议和议事平台，商议讨论各类组织人选、集体资产管理、重大项目、村规民约等重要事权，完整呈现了这一类型乡村治理的特点和优势。

其二，浙江象山县突出党建引领，营造共商共建共治共享的治理生态典型。其具体做法包括：首先，象山县党委通过下派 90 名青年后备干部担任"第一书记"，解决了基层治理干部人才储备不足的问题。其次，在党建驱动的村庄自治建设中开展一系列如"书记账本"、党员联户、五议两公开、"最多跑一次"等治理改革举措，理顺党建引领基层自治的运行机制。最后，象山县党委主推的"村民说事"群众自治参与平台覆盖和涉及全县 18 个乡镇（街道）、490 个行政村，召开 10 720 场"说事会"，收到各类议题超过 5.1 万项，解决率达到 93.8%②。目前象山县的乡村治理在党建引领下力主"村民说事"的群众自治模式已经取得极大成效，可以说下一阶段的治理目标是围绕乡村振兴"治理有效"的总体要求，以"村民说事"平台为依托，向更高水平的党建引领自治、法治、德治相结合的乡村治理体系发展（图 5－4）③。

其三，上海宝山区党组织依托现代互联网信息技术，主推"社区通"实现党心民心的有效联通，夯实党治国埋政的微观基础。现代互联网信息的高速发展给国家治理体系、治理能力的现代化建设提供科技支撑，与过去倚重

①② 韩俊．全国乡村治理典型案例（一）[M]．北京：中国农业出版社，2019：1，53.

③ 图 5－4 象山县"村民说事"流程图，摘自《全国乡村治理典型案例》（一），（"村民说事"说出群众心声——浙江省象山县构建"说、议、办、评"制度体系）。

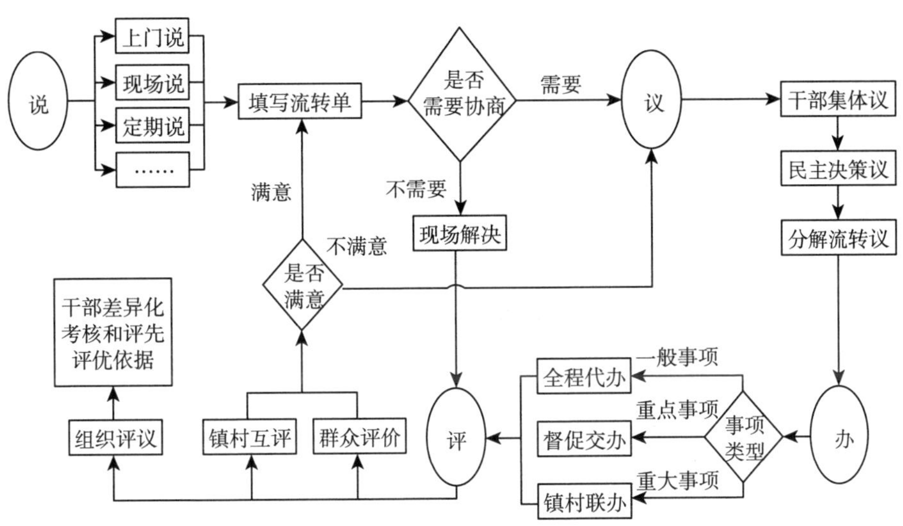

图 5-4 象山县“村民说事”流程图

密集劳动力广撒网、高投入的粗放式治理不同，沿海经济发达地区的科技治理显著拓展了社会治理的适用范围和思维空间。以上海为例，宝山区通过强大财力资源打造的“社区通”实现了社会治理的线上线下互通互动：第一，开展线上网络活动。2019 年宝山区“社区通”全年开展党建活动 5 000 余场、党建项目 900 余个，全区 100%的村党组织、89%的村通过“社区通”同步推进换届工作[①]。第二，牢牢把握互联网意识形态主战场。在基层党组织领导下，成立村党团员的志愿者队伍，截至 2019 年，全区志愿者队伍已从“社区通”初建的 21 万人上升到 34.6 万人，为共同营造社区网络意识形态氛围打下广泛的民意基础。第三，建设党建引领下的“自治共治德治法治”的城乡社区治理共同体。通过线上发动，大量宝山区群众参与到城乡社区治理中，根据注册统计显示，不少于城镇 60%的中青年人群加入到“社区通”的治理中来，真正实现了“线上宝山”“真正的邻居”线上线下一体的城乡社区治理共同体建设目标[②]。

---

① 本刊编写组．建立“社区通”工作系统推进乡村智慧治理：上海市宝山区利用移动互联网创新乡村治理方式［J］．农业经营管理，2019（7）：18-19．

② 韩俊．全国乡村治理典型案例（一）［M］．北京：中国农业出版社，2019：62．

二、送法下乡："一村一法律顾问"

与传统的"法律下乡"① 向农村社会普及法律知识不同，新时代"送法下乡"是在党的十八届三中全会后国家治理体系和治理能力现代化建设及全面依法治国背景下的乡村法治建设。新时代的"送法下乡"需要调动更多法治资源，其建设成本相对较高，更适宜沿海经济资源密集的现代型乡村。沿海经济资源密集型乡村为分配附着在土地上的增值利益，对援引全新的、解释力更强的分配制度有着现实需求，这就给乡村法治的生长和使用提供了现实的土壤，促使了沿海发达乡村通过"送法下乡"法治建设为导向发展"三治"结合乡村治理体系建设，有广东惠州"一村一个法律顾问"、浙江桐乡"法律十进"等送法下乡典型案例。

广东惠州是通过推动法治建设发展"三治"结合治理体系的典型代表。惠州在城市发展过程中创造出良好的经济效益，为平衡利益、解决纠纷惠州市亟须援引法律制度解决现实的治理困境。其具体做法是推行"一村一法律顾问"，为全市 1 166 个村聘请 517 名村法律顾问，采用"法律下乡"直接为属地乡村聘请法律顾问，提供法律咨询、法律援助、普法宣讲等法治建设举措。其法治建设有效迎合了地区经济发展需要建立和健全法治规范的现实需求。乡村治理的法治建设水平提高了，人们的法治意识提高了，法治社会建设初见雏形。这为以法治为主的"三治"结合治理体系建设打下了良好的公共规则基础。在法治建设取得进展后，惠州市更将乡村法治建设成果引向自治和德治：由村法律顾问协助村委制定、修改和完善村规民约，把基层自治导入法治轨道，推动村民们依法开展村民自治；在充分发挥村法律顾问作用的基础上，围绕社会主义核心价值观和法治故事开办"法德讲堂""道德讲堂"②，成功以法治为突破口弘扬道德文化、培养道德观念，从而成功树立起以法治为先导的新时代"三治"结合乡村治理体系建设典范。

---

① 从 1985 年开始，国家连续进行五年一次的普法教育，到 2006 年为"五五"普法，每五年的普法教育内容都有所不同，但宗旨都是一样的，即让更多的人知法、懂法、用法和守法。

② 本刊编写组．一村一个法律顾问提升法治乡村建设水平：广东省惠州市探索［J］．农村经营管理，2019（7）：22－23.

相比传统农业型乡村简约版“三治”结合治理体系，经济发达的沿海乡村在“三治”结合治理体系的扩展和赋能上有更多的选项。如广东惠州法治扩展的建设路径，采用以“法治”强“自治”扬“德治”的思路，通过促成法治与德治的结合，法治与自治的结合，稳步向“三治”结合治理体系迈进。同时，也可以向现代化“智治”发展，凭借雄厚财力资源打造基于现代互联网技术的科技治理，如惠州就通过建设互联网法律服务平台“E普法”，为村民群众提供法律服务，通过扩展法律服务范围极大拓展了法治的影响力。除此之外，还可以向浙江桐乡的“三治”融合治理体系学习，一步到位打造出高适配性的复合式治理平台“一约两会三团”，将“三治”结合的1.0版本升级为2.0版本的“三治”融合。

三、氛围渲染：政府营造德治文化

现代资源密集型乡村的德治建设与传统农业型乡村德治建设有很大不同。传统型乡村德治建设通常是在村庄“空心化”背景下，解决人口流失状态下村庄治理共同体的自组织和文化认同的问题。其建设思路和做法都是通过挖掘村庄传统文化资源的方式增加村庄记忆，打造共同体意识以提升村庄社会资本和社会关联①。沿海经济发达乡村属于资源流入型乡村，这类乡村无论是经济资源还是文化资源都相对丰富。因此，这类乡村可以通过丰富的财政资源打造融传统文化、社会主义核心价值观、红色革命文化为一体的新型乡村德治体系②。其建设途径是通过培育多元德治组织、开展文化活动、宣传红色文化等方式进行德治体系建设。

首先，通过培育多元社会组织宣扬和营造德治文化。相较南方乡村的宗族结构保存完整，北方乡村多为缺少宗族结构的分裂型乡村，对于有一定集

---

① 村庄社会关联是社会学中衡量人们关系的概念，是村庄治理共同体集体行动力的重要影响因素。参见贺雪峰，仝志辉．论村庄社会关联［J］．中国社会科学，2002（3）．

② 市场经济的流动性将城市商业文明逻辑带入乡村，改变了德治文化在传统乡村熟人社会发挥作用的社会基础。在现代性大举进村的背景下，乡村德治需要寻找传统与现代的结合点、转换点和生长点，以形成符合现代社会基础和条件的新型道德。社会主义核心价值观作为我国意识形态建设的基础价值观，能有效兼容家国情怀和现代社会的文明规范，在充分反映我国现阶段国情基础上，有效构筑起新型德治格局。参见施远涛．基层社会治理中的德治：功能定位、运行机制与发展路径［J］．浙江社会科学，2018（8）：75-82.

体经济基础的乡村可以通过培育和建设社会组织的方式建设和营造德治文化氛围。具体做法如通过开展道德劳模评奖类活动，营造乡村德治文化氛围，通过树立乡村治理主体（乡贤会、理事会等）的正统地位，通过社会组织开展各类文化活动，有效活跃和集聚村庄人力组织资本和文化资本，形成乡村道德文化氛围。这种氛围营造有助于村庄合作文化的渲染，从而为良好的社区合作意识、合作能力催生良性人际互动提供助力，增强村庄治理的自组织行动能力，使自治和德治交相呼应、彼此滋养。

其次，通过开展村庄文化活动弘扬传统文化德治氛围。经济条件允许的乡村通过组织编写村志村史；建立村庄纪念场馆（如村庄文化展馆、历史变迁纪念馆等）；举办村庄节庆庆典、传统习俗活动等，有力凝聚和保存起村庄记忆。这些文化活动对村庄共同体的记忆和关联使农民在市场经济的洗礼中有根可寻，守护他们的本体安全，对真正做到老有所盼、老有所属意义重大。除此以外，老年人对村庄共同体意识的保存，可以极大限度地提高村民行动的未来预期，有效限制村民的不良行为。

最后，通过乡村德治文化的培育和宣扬为“三治”结合乡村治理体系的建设打下良好的文化认同基础。在德治建设基础上发挥党政领导和主导作用，进一步扩展法治和自治功能。如陕西省旬阳县就充分发挥党的领导作用，把德治，法治结合起来，充分运用德治的理念，发挥公众舆论的威力，先后出台德法两用法规文件：《关于在全县深入开展“群众说·新乡贤论·榜上亮”道德评议的实施意见》和《关于整治社会不良风气的决定》将德治村规民约内容以法治的形式确定下来，实现了德治的“软法化”，有力促进了“三治”结合乡村治理体系的建设①。

总结传统农业型和现代资源密集型的乡村治理体系建设经验可以发现，一地的治理水平与结构类型必须与当地经济发展条件相适宜。传统农业型乡村“三治”结合治理体系建设因治理资源有限，首先从自治出发，着力培育村庄的自组织力，在具备一定自治治理资源后，再进一步进行法治、德治建设。其中乡村法治的建设可以先从村规民约等“软法”着手，实现自治与法治的结合，待村民对“软法”有了初步法律意识的基础上再

① 韩俊．全国乡村治理典型案例（二）[M]．北京：中国农业出版社，2020（10）．

进一步进行国家正式的"硬法"的宣传与建设。村庄的德治建设可以与村庄"软法"建设同步进行，如宣扬德治文化、建立社会主义核心价值观等。对于经济资源密集基本实现现代化的乡村，可以依凭党组织为领导核心和组织资源深化村庄自治，继而进行乡村法治和德治建设。资源密集型乡村因其经济活跃，社会分化较大，社会治理的兼容性和扩展性也更强，可以通过经济财力自上而下打造现代版的"三治"结合，甚至"三治"融合的更高级的治理系统。

第六章 新时代“三治”结合乡村治理体系存在的问题及原因分析

我国乡村治理体系的建设和发展已经取得一定的成绩，但“三治”结合乡村治理体系涉及面广、影响范围大，结合我国乡土社会复杂的社会生态，广袤东中西部乡村发展很不平衡。不同的经济基础、人情地缘、文化历史，使各地在国家治理体系和治理能力建设过程中面临不同的挑战和问题。当下，在各地乡村都在大举推行富有地方特色的“三治”结合治理体系过程中，政策制定者因难以广泛持续地深入基层社会，所掌握的地情和实况往往是片面和动态的。根据这些片面、动态化的数据制定出的具有普遍效力的政策，并将公共政策推广到全国各不相同的治理样态中，很容易造成治理的失真和失效——从具体中抽象出的普遍对策往往因脱离了政策实践的现实样态，而在复杂现实面前难以落地。本章运用发展和比较的视角，归纳“三治”结合乡村治理体系建设发展过程中存在的普遍问题，研究和分析问题产生的缘由，为有针对性地提出建设新时代“三治”结合乡村治理体系的对策路径提供依据。

第一节 新时代“三治”结合乡村治理体系建设存在的问题

在党的十九大提出建设“自治、法治、德治相结合的乡村治理体系”之后，“三治”结合治理被树立成国家治理标准。众多乡村着力去打造具有普遍治理效力的“三治”结合治理体系。本章节结合笔者走访当地乡村调研资料①、当前学界对“三治”结合治理体系建设中表现出的共性问题进行分析探讨。

一、样板趋同：发展中乡村的理念差异

新时代“三治”结合乡村治理体系是党组织领导下的自治、法治、德治三种治理规范、治理权力结合共治的治理生态系统。自治代表乡村内生的正式治理权力，法治代表国家层面的正式权力，德治代表乡村层面的非正式的文化认同权力，党组织贯穿于各种权力运行之间，发挥宏观统领微观梳理的体制性（也称为融合性）权力。这种层次清晰又水乳交融的权力结构是“三治”结合体系的内核和动力源，使其表现出的外化特征既有自治权力的“个性”的自主性特征，又有法治权力的“硬性”的普遍秩序，还有德治权力的“柔性”的政治文化生态环境的自然选择，党组织的体制性权力在其中上通下达，保证兼容与活力。“三治”结合治理体系之所以上升到国家层面正因为其普遍的适用性，即通过先进理念滋养实践，在多元化、多层权力相互结合运作中表现出“你中有我，我中有你”的“1＋1＋1＞3”（自治＋法治＋德治＞“三治”）的组合效果。其融合性和延展性的特点更使“三治”结合治理具有独特的“乘数效应”：“3×3×3＝27”（自治中有法治德治×法治中有自治德治×德治中有自治法治＝有效治理）②。各种权力结构相互迭代、升级演化，如同生态系统层层递进，生生不息，此为“三治”结合治理体系的本意。

中国历来有通过自治、法治、德治进行社会治理的文化传统，只是2013年浙江桐乡为解决社会矛盾，在过往单独强调自治的基础上有效嵌入了法治和德治，产生了一个可学、可推广的基层社会治理创新的“桐乡样本”③。“三治”结合的治理模式由此成为地方治理创新典范，党的十九大后

---

① 走访地区为吉林周边地区乡村：吉林市大口钦满族自治县前窑村、缸窑村；吉林市船营区大绥河镇太平岭村、小绥河村；吉林市经济开发区孤店子镇大荒地村；长春市双阳区奢岭街道马场村。

② 郁建兴．中国基层社会治理中的自治、法治与德治［J］．学术月刊，2018（12）：64－74.

③ 钟海．“三治融合”基层社会治理创新研究［M］．北京：中国社会科学出版社，2021：4。桐乡“三治”融合治理见附件二：桐乡“三治”组织载体示意图，摘自王晓莉．构筑社会善治的“三脚架”：破析桐乡“三治”融合的乡村治理机制［J］．中国领导科学，2019（3）：77－82.

在全国迅速推广。然而，在"桐乡样板"的引领作用和示范效应不断被放大的同时，全国"三治"结合建设呈现一种既盲目又机械的状态，表现为全国的基层治理创新呈现出一种趋同化现象：样板化、口号化、标准化与指标化。

首先，"桐乡'三治'"模式成为全国"三治"结合样板。其一，"参会"和"组团"普遍成为全国"三治"结合建设的代表。自浙江桐乡的"一约两会三团"成为"三治"结合的经典操作平台后，全国各地雨后春笋一般积极"参会"和"组团"。这些"会""团"表现出明显的趋同性。可以说多元的社会组织、治理平台固然能为地方治理提供实践性和扩展性，但这些"会""团"等社会组织和治理平台存在是否真正因地制宜，能否与本地经济、人文环境相适配进而生长出现实基础的问题。如果不能则很有可能出现为"设置"而设置，没有在地资源支撑而无法持续的尴尬局面。其二，"评先"式德治建设成为全国乡村"三治"结合建设的通行做法。当前全国各地普遍采用"以评促建"的德治建设做法，开展名目繁多的评选活动和评选项目，如"身边好人""最美家庭""十佳婆媳"等。道德典范评选活动是德治建设的典型做法，但评选活动只是形式而不是内容本身，单一的文化活动表现的是对理论和内核的机械化理解。德治是一个通过氛围通过习惯形成文化认同的过程，德治建设的关键是通过文化宣扬、营造和渲染文化认同的德化意识形态。因此文化建设应该是多元化、多角度、全方位的建设，机械的、以数量为主的"评选"活动是一种效果单一又缺乏活性的德化建设。

趋同化背后是对"三治"结合治理体系本体和内核的不理解。机械的平移和复制桐乡"三治"结合的工作载体"一约两会三团"，以为把"一约两会三团"拿过来就有了"三治"结合治理体系的基础和雏形，是"三治"结合形式化的体现。不管是桐乡"三治"的"一约两会三团"还是德阳"三治"、德清"三治"等其他形式，工具性的治理平台仅是"三治"结合乡村治理体系的外化形式，其内在本体、权力运行和理论内核才是"三治"结合治理体系的核心。把已经成功的模式和样式机械地嫁接和平移到别处，而不考虑乡村治理本身的地域性和复杂性就会出现很多摩擦和矛盾。

总的来说，任何社会治理理念和技术都是与当地地理环境、经济水平、人文历史结构相互作用的政治技术。趋同式的治理策略固然能吸取经典治理模式的先进经验，然而脱嵌于本地实际，片面追求“形似”而未达到“神似”，则可能出现“水土不服”的窘境①。

其次，“口号‘三治’”成主流。当下，在国家倡导“三治”结合治理体系的背景下，很多地方治理实践以“三治”为口号，将各种治理实践都称之为“三治”创新②。由前述可知，“三治”结合治理体系是从治理机制、治理思路的角度对治理体系进行宏观指导，其本质是一套社会公正、社会秩序的构建和维护机制，考察比较国内外社会治理模式，可以发现不管是桐乡“三治”还是美国“乡镇自治”、日本的基层自治、新加坡的城邦治理，任何社会治理模式都离不开自治、法治、德治的治理框架。桐乡“三治”无疑是具有创新和启示意义的，但其他的具体创新即使没有冠以“三治”结合之名，但只要在结构、理念、内涵上具有自治、法治、德治的结合式治理特征也应属于“三治”结合治理体系的范畴。需要认识到“桐乡”三治的治理创新只是“三治”结合治理体系创新的典型代表，代表着广泛的基层社会创新实践，不应以偏盖全，湮灭广大基层社会的治理努力。

最后，“三治”结合治理体系建设的标准化和指标化。在国家主力推行下，当前的“三治”结合治理体系发展呈现出两种趋势：标准化和指标化。标准化指创建一套建设治理体系的通行标准，指标化则是与标准化相匹配衡量和评估“三治”结合建设的指标。其目的都是让“三治”结合建设成为可量化的具体内容。在国家治理体系和治理能力现代化的背景下，治理的科学与高效是体系和能力评价的重要考量，而科学和高效的衡量办法就是标准化和指标化③。标准化使乡村治理更符合国家治理体系建设的需要，而指标化则更有利于量化为国家治理能力现代化的评估标准。然而，中国乡村治理的现实是地域广大，各地风土人情差异很大，基层事务尤为多样复杂。广大东

① 唐皇凤，汪燕．新时代自治、法治、德治相结合的乡村治理模式：生成逻辑与优化路径［J］．河南社会科学，2020（2）：63-71.

② 当下各地均提出“三治”，笔者走访的乡村也都大同小异提出“三治”，但谈及理解和实效则差异很大，普遍看法是视经济水平和人力资源情况发展渐进和有限“三治”。

③ 贺雪峰．治村［M］．北京：北京大学出版社，2017：170.

中西部农村无法惯用同样的标准和指标[①]。同时，“三治”结合治理体系中的德治基于文化氛围和情感认同的治理维度，文化无分优劣，更无法套用统一的标准。以中西部传统农村的德治为例，单纯生搬硬套一个凭空而降治理标准和指标，其结果只能是形式化。国家治理的标准和指标对于外生于乡村的正式制度层面具有普遍适用性。但“三治”结合治理体系结合多种类型权力，除了外生的正式权力，还有内生的正式权力、非正式权力，难以用统一且封闭的标准和指标体系来要求和衡量。不仅限于“三治”结合建设，内生文化与外在标准在全国乡村治理工作中都表现出互斥性，这是在我国推进治理体系与制度现代化过程中不能忽视的问题。

总结来说，“三治”结合治理体系发源于浙江桐乡，作为“红船精神”的发源地，要求充分发挥农村首创精神以及贯彻群众路线。因此其内核是“以人民为中心”充分尊重人民的实践创造，其特点是一种开放、包容的治理体系、治理模式、治理理念，开放和创新是其主要特点。然而，当前全国乡村都在推广进行的“三治”结合建设则呈现出趋同化的趋势。这种趋势极大地限制了“三治”结合治理体系的创新发展。“三治”结合治理体系的精髓是自治、法治、德治，内生、外生，正式、非正式多种治理权力的打磨互动，法治正式的外生的权力内容在自治、德治的村庄交融生长，最终形成村庄内生规则和权力从“小”共同体走向“大”共同体的普遍规则，法治建设得以在这个过程中扎根，获得村庄生长的内生资源。因此，“三治”结合治理体系的内核结合不同区域不同类型乡村、不同经济发展区域的资源禀赋，生长和建设的“三治”结合治理体系不尽相同。这种差异和不同提升包容性，使差异化得以取长补短，差异化得以进化，差异化酝酿创新。这是“三治”结合的乡村治理虽然有着共性的称谓，但内涵和本质代表着活力和创新，代表着不断迭代和演进的原因。

良善的治理不是完美的治理，而应是适宜的治理，相比较完善，适宜性更应是“三治”结合的乡村治理体系的特征。认清“三治”结合本质，不局限于一套“规定动作”的限制，避免行政化，不让活力和创新被硬性的惯性框架所捆绑，是充分发挥其活力性，以适应社会主要矛盾和以人民为中心的

---

① 笔者走访的吉林地区的个别乡村有提出“指标化”乡村治理建设的，其治理实效有限。个别乡村提出的“标准化三治”“指标化三治”则实为墙上制度。

治理的使命和初衷。

二、形式在场：现代化乡村的内涵缺乏

经前文对“三治”结合治理体系的权力结构的分析可知，“三治”结合治理体系精髓在于良性互动、结合共治。然而，在全国“三治”结合体系建设取得初步成效的同时，“三治”结合建设的单兵突进现象仍然明显。建设的突出问题表现为“三治”结合的形式与实质结合的缺位，仍然还是停留在重“三治”而轻“结合”的情况，具体表现为“形式化”“行政化”“碎片化”。

首先，“三治”结合建设表现为形式有余结合不足。从全国各地的“三治”结合体系建设实践来看，普遍存在着重“三治”轻“结合”的情况。如以党建为主导的“三治”结合体系建设，其作用效果就与基层党组织对“三治”结合的理解有着极大关系。当下以党建为主导的“三治”结合建设就普遍存在结合联动不足的情况。如山东某县的“党建＋‘三治’融合”，其具体做法就是典型的重“三治”而轻“结合”，建强基层党组织通过标准化的绩效管理建设标准党组织，再通过村务公开进行村民自治建设；通过开展综合整治进行法治化建设；通过乡村文化建设实现德治氛围营造。这种以党建推动的“三治”结合建设尚停留在重形式而轻内容的机械式“三治”结合阶段，还没有达到“三治”有机结合的效果。这就是典型的重“三治”而轻“结合”的“三治”结合体系建设。再比如安徽某市由乡政府部门通过层层行政体系推进“三治”体系建设。该市、乡两级政府部门通过行政体系建立村级组织体系，搭建群众议事民主协商平台，引导村民实现自治。这种治理仍然存在政府主政，民众被动参与的问题。

“三治”结合乡村治理体系三种治理权力相互作用，自治权力是主体和基础，法治权力是框架和保障，德治权力是思想认同的文化解释权力。在实践建设中三种权力要互为支撑和论证，真正做到自治中贯穿法治和德治，法治中体现自治和德治，德治引领自治和法治[①]。然而，当下的现状普遍表现为自治、法治建设有余，德治不足。德治作为思想和文化层面的内容难以量化和评估。法律的权威源自人民的内心拥护和真诚信仰，法律的权威和效力

① 李若兰．完善三治融合的治理模式［J］．中国领导科学，2019（6）：93－96．

源于人们内心的敬畏。只注重自治和法治的建设往往是形式有余，只有真正在德治上下功夫，营造德治道德教化的文化环境才能真正实现"三治"结合体系建设。因此，忽视德治的"三治"结合体系建设，只注重自治和法治，无法从思想和理论层面认清德治的作用，导致"三治"结合建设形式有余，内容不足，致使整体的治理效能大打折扣。

其次，"三治"结合存在行政化倾向①。"三治"结合治理体系的逻辑结构是以"自治为主，法治为辅，德治为基"，要求基层党组织领导，地方政府主导，乡村自治主体，法治框架保障，德治氛围营造的治理思路。在具体的实践操作中，基层政府基于其法定地位在基层治理中发挥主导性作用。而政府由于其行政化、科层性的结构设定不可避免在具体工作开展中表现出行政化与治理碎片化。这种惯性治理思维同时导致在实行自上而下建设"三治"结合体系时的行政化和碎片化，破坏了"三治"结合体系的整体式治理结构②。如基层政府推行的行政网格化举措有众多治理优势，但同时也容易造成治理碎片化和行政化。在"三治"结合过程中，自治下沉是"三治"结合体系建设的通常做法，一些资源密集型乡村采用网格化实施管理，需要注意到网格化造成的治理行政化倾向会抑制基层自治的创新和活力。自治下沉的目标是给基层带来自治性由此促进基层社会的活力，但网格化的过程又通过行政网络使一些行政管理力量深入基层，从而表现出矛盾性。一方面，网格化治理带有明显的行政化倾向。如黑龙江某县的网格化治理，在村级层次建立党小组网格。在县级指挥管理下统一构建全面到村到组的管理网格体系，这种网格体系有利于全方位、无死角的监管和控制。另一方面，全方位的行政管理网格化使基层社会的人、地、事、物呈现出系统化、标准化、精细化、规范化、程序化的形式主义。如江苏省某市某村以居民小组划分的全面网格管理，划分各个管理区都纳入民政、人社、综治、信访、公安等治理规划，表现出明显的等级制和行政化倾向③。

---

① 结合笔者下乡走访调研，行政化是当下村干部（书记）面临的普遍问题，诚如贺雪峰描述的"上面千条线，下面一根针"是吉林省"三治"结合治理体系建设面临的普遍问题。笔者走访的传统农业型乡村经济水平和人力资源较为有限，乡村治理体系建设缺乏内驱动力，自上而下行政化一定程度上抑制了治理主体的主动性和积极性。

②③ 唐皇凤、汪燕．新时代自治、法治、德治相结合的乡村治理模式：生成逻辑与优化路径[J]．河南社会科学，2020（6）：63－71．

激发群众自治活力是“三治”结合治理的重要价值取向。基层治理体系通过回应农民生产生活的需求帮助农民解决他们在生产生活实践中出现的各种小事，并在此过程中提高农民的组织能力，提高基层组织的治理水平，这应该是治理体系活力的源头和初衷。一旦规范化、正规化和科层化，村落治理就会变得笨拙，无法应对灵活多变的基层治理事务[①]。基层治理框架死板僵化，民众创新和活力难以激发，有违“三治”结合治理的初衷。

最后，“三治”结合呈现出治理碎片化。碎片化是相对行政化而言呈现出的各部门单兵做战缺少协同配合的治理问题。由于行政的精细化管理，很容易出现权责不清晰、智能资源不整合、治理渠道不畅，碎片化治理的问题。再加上“三治”结合中自治、法治、德治的功能定位和发挥作用的领域各不相同，在沿海经济发达的现代化乡村因地方财力发达，行政管理分工复杂细致，乡村治理具体实践往往由多个政府部门主管和负责。很容易出现各管各、各抓各的情况，治理碎片化问题比较普遍。如浙江某村的“三治”结合示范村就存在各行政部门分工有余，协同不足的情况[②]。

三、主体乏力：治理主体配合参与不足

新时代“三治”结合乡村治理体系的良性运转需要多元治理主体在“三治”结合体系中发挥主体作用，但各地在“三治”结合体系建设中出现了一系列问题，包括基层党组织建设不力；乡镇政府专业化水平较低；村民自治效能低下；社会组织作用发挥不到位等问题。在“三治”结合的实际运行中，部分参与主体依然存在“缺位”现象，多元参与主体之间缺乏协调、协作和协同，共建共治共享的社会治理共同体尚未真正建成[③]。

首先，乡镇政府在推动建设“三治”结合过程中存在乏力和过力的情

---

① 贺雪峰．治村［M］．北京：北京大学出版社，2017：199.

② 郁建兴描述了浙江桐乡“三治”实践中存在的“分而治之”“碎片”治理的情况：由民政部门主抓自治，政法部门负责法治，教育和宣传部门负责德治，或者由宣传部、司法部、组织部、民政部等部门各自负责道德评议团、法律服务团、百事服务团、乡贤参事会等，还有一些职能则碎片化地分散在发改、财政、住建、社保等几十个部门中，这种组织形式是典型的还原论表现。这种简单相加或组合的层次使“三治”叠加功效和乘数效应无法真正发挥作用。参见郁建兴，任杰．中国基层社会治理中的自治、法治与德治［J］．学术月刊，2018（12）.

③ 钟海．“三治融合”基层社会治理创新研究［M］．北京：中国社会科学出版社，2021.

况。乡镇政府作为主导“三治”结合治理体系的主导力量，其主要职责需要在党的领导下推动和主导建设节奏。乡镇政府的主导角色在于让民众成为治理的主体发挥主人的作用：变“知民”为“民知”，让民众掌握社会治理主动性；变“治民”为“民治”，让民众评判公序良俗；变“管民”为“便民”，激活民众自主性[①]，通过自我管理和服务达到基层治理的“我无为而民自化”[②] 的境界。然而，由于过去管理体制思维惯性，习惯沿用过往“唯上级”“唯效益”“唯稳”的治理思路，仍然扮演过往“全能主义基层政府”的角色，在具体治理工作中用力过猛，挤压了乡村自治的生长空间。在“唯上级”“唯效益”导向下，经常出现完成上级任务却履行公共服务不力的情况。

其次，社会组织参与乡村治理能力较弱[③]。新时代，我国经济进入经济发展的新常态，有关创新和高质量发展的需求已经越来越需要更多社会主体发挥经济、政治、社会等各方面建设的主动性，通过放权治理、灵活处理为经济发展营造环境，以高质量发展带动创新治理。在这种背景下，社会组织参与乡村治理的程度和效果是衡量国家治理能力的重要标准。然而，从全国范围来看，除沿海初步完成现代化的乡村社会治理外，绝大多数中西部乡村的社会组织发育都很不充分，集中表现为规模较小，独立性弱、组织管理机制不成熟、资源动员与整合能力弱等问题。

独立性对于乡村社会组织的治理能力至关重要。马克思提出：“公社……这是人民群众把国家政权重新收回，他们组成自己的力量去代替压迫他们的有组织的力量；这是人民群众获得社会解放的政治形式。”[④] 乡村振兴战略要求协调好政府、市场和社会之间的关系。但在现实治理实践中乡村社会组织为获取更好的政策、人力、财力等发展资源，容易受到地方党政部门政治依赖、政策导向的影响，从而严重削弱其独立性。其中，中西部传统农业型乡村因经济发展滞后，社会组织的经济和政治独立性都受制于地方行政体系

---

① 胡洪彬．乡镇社会治理中的“混合模式”：突破与局限［J］．浙江社会科学，2017（12）．

② 《道德经》五十七章：“我无为，而民自化；我好静，而民自正；我无事，而民自富；我无欲，而民自朴”。

③ 笔者走访调研的吉林地区乡村因经济水平不发达，其地方社会组织少有充分发展，其社会治理作用发挥显得颇为局促。

④ 中共中央马克思恩格斯列宁斯大林著作编译局．马克思恩格斯选集：第二卷［M］．北京：人民出版社，1972：413．

建制，社会组织自身的结构和建制都难以成熟和独立。

最后，村民参与治理的积极性不足[①]。“三治”结合治理体系的发展建设可以说与广大村民的积极参与密不可分。新时代以人民为中心的社会治理的本意需要打破政府作为唯一治理主体的框架思维，充分引入多元主体参与社会治理，这样在降低治理成本，提高治理效能的同时才能激发民众的活力与创造力，增强其对社会治理的认同，真正在软件和硬件两方面不断提升基层社会治理的水平。然而，当前村民参与治理的积极性不足是“三治”结合治理体系建设中存在的突出问题。部分群众的社会治理主体和主人意识淡薄，对“三治”结合的认知也停留在了解层面。有些村（社区）因为工作上流于形式，缺少实质推进的措施，群众对“三治”结合治理体系认识很模糊[②]。在一些基层治理工作开展较好、自我组织和行动能力较强的村社，群众对“三治”结合体系的认识水平更高。相较可量化的自治和法治，乡村德治建设是在思想和认同层面的非正式制度方面的工作。而人们的认识和认同无法一蹴而就，只有广大民众认同并亲身参与“三治”结合体系建设才能在宏观视角下真正实现德治建设，而德治建设作为新时代“三治”结合乡村治理体系的先导和根基，是“三治”结合体系认同层面的“柔性”权力，“君子处无为之事，行不言之教”“夫唯不争，故天下莫能与之争”说的就是德治文化治理的道理。

进入新时代社会主要矛盾发生转换，在以人民为中心的执政理念下，创新社会治理的理念和方式是为基层社会注入创造力和活力，是实现经济高质量发展的政治条件。因此，在新时代“三治”结合乡村治理体系建设中，创新治理、活跃社会是“三治”结合体系的一个核心职能。审视“三治”结合模式中的各种治理平台、组织机制、权力结构，充分发挥治理主体的积极性是“三治”结合治理体系建设的目标，然而，因观念、实践条件等限制，“三治”结合治理体系建设仍然还存在认知闭塞、缺少参与、技术封闭等问题。这使得“三治”结合的治理效能没有得到充分发挥。

---

① 笔者走访吉林地区乡村发现村民参与社会治理情况呈现出两极分化的态势：大部分人忙于家庭和生计，对参与治理共同体有心无力；另一部分人因当地乡村利益稀疏，对参与乡村治理积极性不高。农村的治理主体多为中老年人。

② 潘川弟．深化三治融合“桐乡经验”的实践与思考［J］．政策瞭望，2018（11）：25－29.

第二节　新时代"三治"结合乡村治理体系存在问题的原因分析

归纳问题，分析原因，才能从深层次、立体视角去审视和推动"三治"结合乡村治理体系的建设发展，总结和分析新时代"三治"结合乡村治理体系建设中存在的问题，原因主要体现在思想认知、制度建设和技术三个层面。

一、认知滞后："三治"结合理论建设不足

"三治"结合的乡村治理发端于浙江桐乡，是充分发挥人民首创精神以及贯彻群众路线的体现[①]。然而全国乡村在推广"三治"结合治理的过程中所表现出的行政化、样板化现象，凸显了对"三治"结合治理体系本质和内涵的不理解。误以为"三治"结合就是"桐乡"三治，而桐乡"一约两会三团"就是"三治"结合，机械地复制和平移桐乡治理的"一约两会三团"形式就有了"三治"结合治理的基础和雏形。上一节归纳的"三治"结合样板化问题就突出反映了"三治"结合体系认知层面的滞后。

可以说任何一种治理模式与技术都是与当地的经济发展、人情地缘相适应的，是基于现实需要的衍生物。正是有了桐乡的政治、经济、社会、文化"滋养"，才出现了桐乡的"三治"结合。而"一约两会三团"正是桐乡"三治"治理体系的具化形态。其内在本体和理论内核才是"三治"结合体系的核心，而"一约两会三团"仅是"三治"结合的内核在中国差异众多的乡土人情和地情结合起来的工具载体。把"三治"结合的理念内核作为社会治理的内驱动力，而不去考虑治理制度适宜的土壤，则会失去外生环境所具备的条件，导致水土不服，甚至枯萎坏死。

在国家治理体系和治理能力日益提升的今天，一些人对"三治"结合体系无动于衷，另一些人却把它奉为解决社会问题的万用良方加以崇拜，只是

① 张明皓．新时代"三治融合"乡村治理体系的理论逻辑与实践机制［J］．西北农林大学学报（社会科学版），2019（5）：17－24.

这两部分人对于他们所漠视或膜拜的对象都认识得很不全面。桐乡“三治”首先生成于沿海利益密集型乡村，为新生和外来利益群体实现公正分配提供制度的平衡。因而这种治理技术本质上是一种利益平衡技术，是否适合广大西部传统乡村，则要取决于所应用地方的具体情况。在当下全国大力建设“三治”结合治理体系的背景下，盲目追捧的结果往往是在尚没弄清“三治”结合体系的源头和本来面目的前提下，就去通过行政安排自上而下空降一套与地区情况不相适宜的制度设定。结果要么是外接的制度设定与本土环境不相适宜而摩擦得火星直冒，要么就是干脆沦为墙上的制度，不了了之。对当下“三治”结合建设中出现的一系列问题，没有从源头上认清其本质和内涵，所以出现一系列不相适应的问题，形式化、行政化、碎片化正是对其本质没有深入理解的具体表现。

“自治增活力、法治强保障、德治扬正气”是“三治”结合乡村治理体系的建设要求。其中自治是主体和基础，通过自治激活民众基层自治组织力，真正实现民事民议、民事民办、民事民管，以解决伴随行政化产生的死板、僵硬、高治理成本的问题，这是新时代“三治”结合乡村治理体系建设的重要命题。

新时代“三治”结合治理体系不适合通过行政体制建设和管理。国家治理的行政体制是以科层制的行政规则为基础的，现代社会越来越复杂，科层体制也变得分工越来越细致，以应对分工复杂的现代社会。一方面，城市同等土地上附着的高密度利益使城市的治理资源投入远高于农村。城市治理可以使用现代科层制进行治理。乡村与城市不同，乡村社会地广人稀，土地上附着的利益密集程度远逊于城市，从而无法承担过高的治理成本。另一方面，城市高度行政化的科层体制难以应对农村基层事务的烦琐和偶发性事务。要与基层社会实现良性互动，就需要一套简约、低成本的非正式的处理办法。乡村治理事务稀薄且发生的规则性差，决定了农村要有低成本的简约制度。借助民间权威，就是德治的文化环境。因此，相较城市，农村的治理不应过分行政化，而更多应是低成本的简约化治理，这也是实行德治的必要性。通过德治的非正式的制度和权力进行的文化治理可以有效应对农村普遍发生的可以不用国家正式法律条文处理的事件，国家法律条文不可能事无巨细规定乡村社会的每一个具体角落，这也是德治的非正式规则发挥作用的地方。

乡村治理制度并不是越复杂越好。有效的治理制度映照的是对现实利益分配的需求，没有经济基础和利益需求再多的制度和组织也是空转的组织和平台，没有现实需求的基础，白白浪费了治理资源。因此，我国众多乡村在争先建设"三治"体系的大背景下，需要加强的是对理念的领悟，有了"三治"结合的理念，再对应本地乡村的地情、人情、村情渐进性地发展"三治"结合治理体系。可以结合前面章节关于农业型乡村"三治"结合体系的类型，先从增强自治力出发，逐渐发展出法治、德治能力，在有效的自治平台上走渐进治理之路，逐步完善治理体系，发展出符合地区情况的"三治"结合乡村治理体系。

二、主体缺位："三治"结合体系推力不足

列宁曾指出：社会主义不是按上面的命令创立的，它和官场中的官僚机械主义根本不能相容；生气勃勃的创造性的社会主义是由人民群众自己创立的。[①] 任何先进的治理理念、制度设计、治理技术其最终效果都要通过治理主体来实现，而再好的治理制度无法调动基层治理主体的内在积极性与主动性，其治理能力和效果也将无从显现。浙江桐乡"三治"结合成功的一个重要原因就是尊重了群众在社会自治领域的发明创造，并突出了作为治理主体的人的参与自觉性和能动性[②]。因此桐乡实践表明，要提升"三治"结合乡村治理体系的治理效能，需要基层干部与基层群众自组织的共同努力，更需要规划科学合理的顶层制度设计。当前我国乡村治理体系建设已经取得很大进展，但也要看到在基层治理体系建设上，基层政府推动建设过程中还存在一些问题。

首先，基层党组织领导效能不足。农村基层党组织是农村各项工作的领导核心和桥头堡，基层党组织的领导力和工作效能关系着"三治"结合治理体系建设的成效。当下的农村基层党组织仍然存在着不同程度的软弱涣散问题[③]。

---

① 中共中央马克思恩格斯列宁斯大林著作编译局．列宁全集：第三十三卷［M］．北京：人民出版社，1985：53.

② 胡洪彬．乡镇社会治理中的"混合模式"：突破与局限［J］．浙江社会科学，2017（12）：64－72.

③ 党的十九大报告明确提出要加强基层党组织带头人队伍建设，扩大基层党组织覆盖面，着力解决一些基层党组织弱化、虚化、边缘化问题。

第一，基层党组织弱化。绝大多数村庄的中老年党员占绝对主力。尽管其中可能有少部分年轻党员，但他们经常因工作地点不在农村而很难正常参加组织活动。再除去那些随子女进城、长期卧病在床的老党员，广大中西部传统农业型乡村党员发挥作用有限，极大地限制了基层党组织的领导效能。第二，党的农村的组织还存在机制不成熟、组织不健全等一系列问题。突出表现为组织结构不完整，“三治”结合建设资源不足。农村基层党组织往往由于基层治理的人力和物力有限，无法建立权力架构完整、治理结构均衡的“三治”结合体系。典型的如传统农业型乡村基层党组织由于理念的滞后，通常着力于单一的治理形式的培育和建设，不进行“三治”结合的结构和理念的深入结合。在农村人口流失的大环境下，农村基层党组织普遍面临治理资源不足、体系建设资源匮乏等情况。其中，尤以法治资源匮乏为甚。第三，基层党组织对“三治”结合的整合推进不足。基层党组织在“三治”结合乡村治理体系建设中所代表的体制性权力，其作用在于推动不同类型的主体和权力结构实现良性的互通互动，以此实现共建共治共享的治理格局。然而在现实中，部分基层党组织在推进“三治”结合体系建设中，还难以做到推进多元主体治理的纵深发展。主要体现在理念和实践两个层面上：首先，在理念层面上，基层党组织在“空心化”乡村精英大量流失的背景下往往缺乏先进治理理念，在制度建设方面无法明确乡村自治、德治和法治的责任权限边界，难以牢牢把握对乡村自治、德治和法治的领导权[①]。其次，在具体治理实践中无法有效梳理“三治”结合关系，难以真正发挥“三治”结合的协同优势。正如前文所述，自治、法治、德治乡村治理体系是多种治理机制、治理规范的复合性治理模式，三种治理规范存在冲突和矛盾，需要党组织作为中间的弥合性力量进行协调。基层党组织的体制性权力是“三治”结合治理体系权力架构中的核心力量，是“体系”动员和整合的关键角色。然而，在现实治理过程中，由于“乡政村治”格局“悬浮”政治惯性的延续，致使“基层党建不愿介入或难以调处乡村自治、德治和法治间的嫌隙和矛盾，遂使‘三治’结合体系内部呈现为功能断续

① 张明皓，豆书龙．党建引领“三治结合”：机制构建、内在张力与优化向度［J］．南京农业大学学报（社会科学版），2021（1）：32-41.

的状态。”① 体制性权力对整个体系联动、整合、良性互动的动力不足，整体联动效应难以凸显。

其次，基层政府对“三治”结合的整体性推进不足。20 世纪 80 年代的市场经济体制改革和政治体制改革极大重塑了整个国家的社会和经济结构，国家和农民关系同时发生重大变迁。2001 年中国加入世界贸易组织、三大全国性市场形成给国家商品生产流通、大规模人口流动、企业劳动人事制度、城市管理等造成直接影响。高度的社会流动性使原本封闭且高度同质化的乡村向异质化的社会转变。利益的流动和分化使基层政府与其他利益主体之间难以实现利益对等。利益的分化和不对等造成基层治理的分化和碎片化。基层治理工作变得复杂、多样、多变。与此同时，改革开放初期，“乡政村治”治理格局初步成形，村民自治组织主体的角色和职能尚未厘清：“村委会既代表村民利益又代理政府职责的双重角色，使之不能很好地发挥自治功能，时常不能有效代表和维护村民利益。”② 另外，除村委会外的其他民间自治组织参与治理的能力和动力也亟须增强。

总体来说，国家和政府在推进新时代“三治”结合乡村治理体系建设中，由于理论滞后，加之国家在推进乡村治理体系建设中多采用自上而下的党政驱动模式，使“三治”结合乡村治理体系建设呈现被动和机械的发展样态。“三治”结合建设理论先行，理论既是思想的指南，又是实践的内核。理论建设和宣传的不足使各治理主体对“三治”结合乡村治理的本质和特征缺乏认识和理解，更多将“三治”结合治理当作一种临时性政府工作或政治活动来开展，这让各层次治理主体在推进“三治”结合建设过程中无所适从，经常从临时性政治运动角度去理解和建设“三治”结合治理体系，使之无法形成长期性的治理预期和规划。

三、技术欠缺：法治德治对自治的支撑不足

“自治为主，德法为辅”要求自治激发社会的创造性和主动性，法治和

---

① 张明皓，豆书龙．党建引领“三治结合”：机制构建、内在张力与优化向度［J］．南京农业大学学报（社会科学版），2021（1）：32－41．

② 袁金辉，乔彦斌．自治到共治中国乡村治理改革 40 年回顾与展望［J］．行政论坛，2018（1）：19－25．

德治为社会自治提供规则保障的“软硬”护航。在当前的“三治”结合体系建设中，法治和德治对乡村自治的支撑不够是当下“三治”结合治理体系建设不足的主要原因。

首先，法治对乡村自治的保障和支撑不足。我国法治建设起步较晚，乡村司法体系尚不完善。相较我国城市已经建成的一整套公、检、法、司的司法组织体系，乡村司法体系尚不健全。而乡村司法组织体系的不健全严重阻碍了乡村基层的法治建设工作，致使广大村民法治意识薄弱、法治思维匮乏、法治权利搁置。这些现象在传统农业型乡村表现得最为明显——一些乡村基层干部依法办事的意识薄弱，村民易受到人治、甚至封建残余思想的影响。在国家正式法治权力作用有限的情况下，村民往往诉诸乡土社会传统的非正式规则，沿用过往简单、粗糙的办法处理村庄利益纠纷。这让很多乡村社会出现了以权代法、以言压法的现象，更堵塞了现代法治发挥作用的通道和空间。

其次，德治对乡村自治的文化支撑不足。德治作为乡村治理的内生非正式权力规范，其作用一方面可以增进人们的情感联系，降低村民交流合作的组织成本，进而增加村民自治的社会资本。另一方面为国家法律进村提供在地文化资源，为外生正式权力和内生正式权力的接洽提供媒介和缓冲。然而，在市场经济商业逻辑的冲刷下，传统的乡土社会的治理文化、道德教化对乡村自治的引导和塑造在逐渐弱化。突出表现在传统伦理道德衰微，村规民约约束力日渐乏力。这让在市场经济商业逻辑下成长起来的青年村民缺乏乡土传统原生文化的滋养，渐趋遗失传统伦理的信念，让村庄人际资本储备日渐稀疏。而没有了传统道德的稀释和缓冲，法治下乡就往往表现为硬着陆，结果要么是内外治理规范结合共治成本巨大，要么就是干脆沦为墙上的制度，不了了之。

相较于自治和法治两种有形的“硬”治理，道德作为无形“软”治理依靠的是文化渲染和教育。因此德治作用的发挥，就难以如自治和法治一般通过有形规则直接落地。道德教化作用的发挥必须依靠物质承担者，通过一定的组织载体实现有效运转①。2018 年中央 1 号文件明确提出要积极发挥新乡

① 传统乡土中国实行的是皇权不下县的乡绅自治，乡绅作为乡土社会精英，通过习惯、礼俗、宗教等文化传统进行道德治理，呈现杜赞奇描述的“权力的文化网络”。乡绅作为传统社会治理的“道德”担纲者，是传统德治的治理主体。邓大才．走向善治之路：自治、法治与德治的选择与组合[J]. 社会科学研究，2018 (4)：32 - 38.

贤作用，让乡村贤达更多参与到德治建设中，以促进乡村自治发展，传播乡村治理文化，但在国家政策的推动下，大量的乡贤参事会和乡贤调解团创立出来，但真正发挥德治作用，促进乡贤德治文化的却数量有限。

分析和总结当下乡村治理体系建设出现问题的原因可以发现，全然的照葫芦画瓢复制一套治理技术，会造成治理体系的行政僵化和不接地气，致使生搬硬套的"嫁接式"治理沦为墙上的制度，徒劳耗费宝贵的治理资源。可取的办法应在推进"三治"结合治理体系建设过程中，着重强调激发治理主体自觉意识，以共建带动自建，如同扶贫开发一般打造"造血式"治理路径。在这个过程中，无论自治、法治还是德治的意识都不是先验的，而是在实践过程中逐步生成并内化成为一种行为调节机制[①]。稳定持久的治理体系要通过机制营建、主体自觉、规则兼容在利益趋向、文化习惯、社会生活等多方面形成成本收益平衡、地缘人情适宜的治理生态系统。

---

① 何显明．以自治、法治和德治的深度融合推进乡村治理体系创新［J］．治理研究，2018（6）．

第七章　新时代“三治”结合乡村治理体系的建设路径

“一个国家选择什么样的国家制度和国家治理体系，是由这个国家的历史文化、社会性质、经济发展水平决定的。”① 回顾新时代“三治”结合乡村治理体系发展演进的历程，可以发现新时代“三治”结合乡村治理体系的形成发展，涂抹着浓厚的中国色彩，彰显着中国特色。因此，在中国特色社会主义现代化国家建设的伟大征程中必然要将新时代“三治”结合乡村治理体系建设得更好。针对当下“三治”结合乡村治理体系建设存在的问题和不足，提出新时代“三治”结合乡村治理体系建设思路：构筑多元共治的治理格局；明晰自治、法治、德治有效结合的治理思路；提出“三治”结合的实践举措。其中格局搭建是整体规划，明晰“三治”结合思路是路线方向，实践举措是策略和方法，呈现“顶层格局—中层路线—底层对策”的路径结构。

第一节　构筑多元共治的治理格局

针对当前“三治”结合乡村治理体系建设存在的“形式在场”“主体乏力”的问题，可以通过构筑多元共治治理格局的思路，建立健全党委领导、政府负责、社会协同、公众参与、法治保障、科技支撑的现代乡村社会治理体制的方式解决。其中，加强党的领导，发挥党总揽全局、协调各方的作用是先决条件；明确政府责任，发挥政府基层治理的主导作用是治理体系建设和健康运转的动力机制；动员和鼓励广大村民群众发挥主动性、创造力，形

① 任仲文．新时代大国治理［M］．北京：人民出版社，2020：4.

成组织和体系的力量广泛参与其中，是乡村振兴、乡村治理体系建设的主题；全面依法治国，健全法治保障，是建设法治乡村治理格局的框架和保障。

一、加强党建引领的领导核心作用

中国共产党领导是中国特色社会主义制度最本质的特征。在近现代的历史进程中，中国共产党带领人民历经革命、建设、改革各个时期，已经深刻嵌入到中国社会的方方面面。在革命年代，党通过在连队建立支部，保证了基层部队与一线战士的思想统一。在社会主义改造和建设时期，是党的有力领导保证了新中国三大改造和建设事业的成功；是党领导的基层群众自治制度构筑起人民当家作主的制度基础；是党领导全国工人、农民、知识分子和其他各阶层人民的大团结，编织起统一战线的政治共同体。在改革开放和现代化建设新时期，党领导了家庭联产承包责任制的生产关系重大变革，开创了农村村民自治这一基层民主事业的制度创新。进入新时代，中国共产党不断加强和健全领导制度体系，在基层群众性自治组织、社会组织等各种组织中发挥领导核心作用，党的基层组织建设水平不断提高，党组织领导的自治、法治、德治相结合的城乡基层治理体系不断完善。

中国共产党是中国特色社会主义事业的领导核心，是新时代乡村振兴事业和乡村治理体系建设成功的关键。对于整个中国，党既在政府之中，也在社会之中。党通过发布路线方针政策的方式决定地方政府的中心任务，实现对政府的全面领导。在领导社会工作方面，党的组织通过嵌立于村委会、居委会、企业等组织内部，实现与基层社会组织单位的密切联系与互动①。在传统的政治治理现实中，行政组织因其行政属性无法深入到市民社会底层，造成民众与行政体系的疏离。而中国共产党的组织却可以通过党的群众路线、通过源于群众又服务于群众的社会属性有机熔铸于基层社会之中，保证党对社会、对民众的集中统一领导。真正表现为党既在社会之中，也在人民之中。正是党的基层组织所具有的微观组织和动员机制使整个国家、整个社会呈现意志坚定、团结一心的共同体状态。

---

① 郁建兴．中国地方治理的过去、现在与未来［J］．治理研究，2018（1）：65－74.

突出和加强基层党组织在“三治”结合乡村治理体系建设中的作用，将有效解决“三治”结合治理体系主体缺位和乏力的问题。党的基层组织工作条例要求健全党组织领导的“三治”结合的乡村治理体系，就要在党的领导下深化村民自治实践，制定完善村规民约，建立健全村务监督委员会，加强村级民主监督，推进乡村法治建设，提升乡村德治水平，建设平安乡村[①]。未来推进乡村振兴事业、建设“三治”结合乡村治理体系的征程中必然要以党建为魂，打造“融通式”基层党组织，实现国家治理和社会治理的深度融合。在“找回政党”的情境中，通过基层党组织建设实现国家治理和社会治理的无缝衔接[②]：一方面，党建引领打通制度供给与内生秩序的联通机制，从而引领国家与社会“上下一盘棋”，推动更深程度的国家与社会联动；另一方面成为治理体系的演进升级的动力机制，不断优化新时代“三治”结合乡村治理体系。

二、明确政府负责的服务保障作用

政府推动是“三治”结合乡村治理体系发展成熟的有力保障。党的领导作用是统领全局，为“三治”体系建设提供政治、思想和组织保障。而政府的作用是推动和负责整合各方面社会建设资源、协调各方参与、配合，以打造多元共治格局，政府的服务保障作用的发挥将有效解决“三治”结合技术缺位的问题。列宁曾指出：在经济、财政、银行方面给合作社以种种优惠，这就是我们社会主义国家对组织居民的新原则应该给予的支持[③]。政府负责的服务和保障，是健全和加强乡村社会治理多元共治格局的关键。回看桐乡“三治”体系的发展历程，从 2013 年桐乡政府出台《关于推进社会管理“德治、法治、自治”建设的实施意见》[④]，到 2015 年将《关于进一步深化城乡

---

① 中共中央党校党章党规教研室．十八大以来常用党内法规［M］．北京：人民出版社，2019：67.

② 张明皓，豆书龙．党建引领“三治结合”：机制构建、内在张力与优化向度［J］．南京农业大学学报（社会科学版），2021（1）：32-41.

③ 中共中央马克思恩格斯列宁斯大林著作编译局．列宁选集：第四卷［M］．北京：人民出版社，1995：770.

④ 参见桐委发〔2013〕42 号文件，http：//www.tx.gov.cn/art/2014/3/4/art_1229401096_1789118.html.

社区建设加强和创新基层社会治理的实施意见》推广到整个浙江省，再到2018年上级主管部门发布升级版《关于巩固提升自治、法治、德治"三治融合"基层社会治理体系建设的实施意见》，从中可以看到地方政府推动的作用（图7－1）[①]。

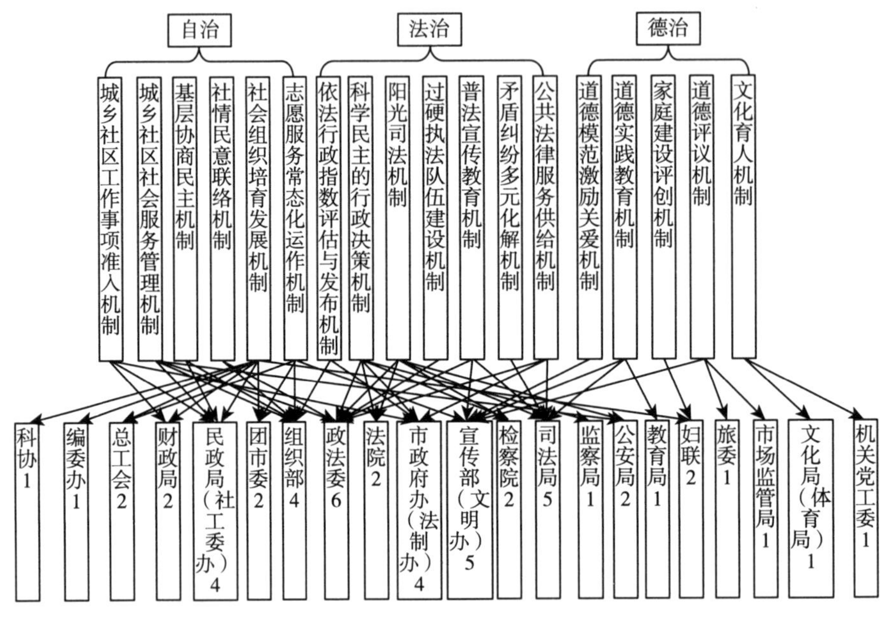

图7－1 桐乡"三治"融合运行机制

如果没有从国家到地方政府有力的制度保障，"三治"结合治理体系想从一个地方式治理创新成为全国治理的示范标杆是难以想象的，可以说正是由于地方政府的支持与推动，保障了桐乡"三治"从"倒逼式创新"成为"自觉自为创新"的典范[②]。政府负责，其实质是以政府为引导，明确政府责任依照法律进行各项社会管理活动。乡村治理，政府负责，就要从以下两个方面做到找准定位和做好服务。

首先，找准自身职能定位就是要明确自身职责使命。明确职能定位要求

① 桐乡市政府推进"三治"融合乡村治理体系建设，见图7－1：桐乡"三治"融合运行机制。摘自王晓莉．构筑社会善治的"三脚架"——破析桐乡"三治"融合的乡村治理机制［J］．中国领导科学，2019（3）：77－82．附件三地方政府推动《"三治融合"提升行动十大重点工程表》，摘自桐乡《洲泉镇三治融合提升行动实施方案》．

② 郁建兴．"三治融合"的持续创新与推广［N］．光明日报，2020－11－7．

成熟、稳重的政府，在基层治理中既不“懒”政也不“揽”政、既不轻权也不强权、既不缺位也不越位。明确自身在治理体系建设中的责任和职能定位，切实转变职能、细化职能，做到对职责工作既不可缺位、错位，也不越位。在公共服务方面，创新基层管理体制机制，优化公共服务，打造“一门式办理”“一站式服务”的服务平台，不断提高行政服务效能。在协调利益关系方面，能处处为基层群众着想，维护群众利益，妥善处理好涉及群众利益的重要事项、注意化解社会矛盾。在行政体系建设上，要对接好上级县市政府和村民自治组织，做好上传下达和日常事务管理。

其次，要做好服务就要转变作风，真正有所为，有所不为，向服务型政府转变。在过去计划经济政府主位的思维惯性下，基层政府在很大程度上还停留在过去管制式的管理思路和风格，表现为单向式“我提供什么，民众接受什么”的思想观念。这种政府主位的观念是官僚主义、形式主义、特权主义蔓延的根源。在全面深化改革、全面从严治党的战略布局下，在新时代加强和创新社会治理的总体要求下，必须坚决杜绝懒政、怠政，纠正行政不作为和慢作为等不正之风，树立“民众需要什么，我提供什么”的观念，真正建立为人民服务、以人民为中心的服务型政府，呈现出“将治大者不治小，成大功者不小苛”① 的善治格局。要主动推动资源、管理、服务下放到基层，不断供给基层群众自治的实践土壤，切实转变职能，不大包大揽，让位于民，让村民群众发挥基层治理的主体作用，起到“我无为，而民自化；我好静，而民自正②”的效果。

三、发挥社会协同的桥梁纽带效果

社会组织通过共同的目标、利益、减熵，将零散的社会主体组织起来，对“三治”体系建设的作用不言而喻，动员社会组织广泛参与是有效解决“三治”结合建设“样板趋同”“主体乏力”等问题的手段，是实现“三治”结合协同共治的重要要求。从治理主体角度看，社会组织是社会组成的基础性单位，可以为“三治”结合治理体系建设提供重要的组织性资源。从社会

① 引自：（唐）刘向，《说苑·政理》。

② 引自：《道德经》五十七章。

职能定位角度看，乡村社会组织和群众团体具有一定的体制身份，但其所代表的社会属性，是成为国家与社会、政府与民众枢纽的突出优势。在党的领导下，社会组织可以填补国家与社会间的"第三领域"①，为新时代"三治"结合乡村治理体系建设提供助力。

第一，社会组织助力基层自治发展。划分村民自治和国家权力的界限，有效联通国家与社会间的"第三领域"，是乡村自治组织的重要使命。桐乡"三治"融合经验的成功，正是在村委会以外培育新的自治载体，村级议事机构分担了村委会的大量管理工作，进一步为村委会"瘦身"②，从而为村级自治组织有效承接政府公共服务职能，在治理末端为理顺政府、社会和市场的关系提供空间和条件。因此，社会组织助力基层自治，可以通过为村庄"减负"和"培育载体"，释放大量自治空间，从制度和组织上保障村民对自治的知情权、参与权和建议权，真正成为国家治理体系建设事业的见证者、参与者、推动者和受益者。

第二，社会组织助力法治建设。浙江桐乡在推动法治建设过程中依靠社会组织实现社会治理目标，从而有效开拓了社会组织协同基层法治建设的路径范例。为推动法治政府建设，桐乡市政府推出了一系列法治政府建设的指标要求，而其中以百姓参政团和法治服务团为代表的社会组织正是法治乡村建设的主要承担载体。其一，百姓参政团以镇级民主协商为切入点，坚决推进依法决策、科学决策、民主决策，深化镇村基层的民主法治建设。其二，法律服务团实现市镇村三级法律服务覆盖，通过加强基层法治宣传、法律服务，着力推进基层组织依法决策、依法行政、群众学法用法，健全法律服务的组织机制③。

第三，社会组织助力德治文化平台建设。在浙江桐乡"三治"融合过程

---

① 黄宗智引入"第三领域"这一概念用以分析国家与社会之间的交接互动、相互影响。黄宗智认为清代基层司法实践所展现出的半官半民的纠纷处理地带以及正式制度与非正式制度之间的对话和联系，就存在和发生于"第三领域"之内。参见黄宗智．清代的法律、社会与文化：民法的表达与实践［M］．上海：上海书店出版社，2007：36.

② 李若兰．完善三治融合的治理模式［J］．中国领导科学，2019（11）：93－96.

③ 桐乡市组建了100个市、镇、村三级法律服务团。其中村级法律服务团80个，每个服务团有4名成员，由律师和公、检、法、司以及其他法律工作者组成，平均服务2～3个村（社区）。全年上门提供法律服务不少于6次。参见王晓莉．构筑社会善治的"三脚架"——破析桐乡"三治"融合的乡村治理机制［J］．中国领导科学，2019（3）：77－82.

中通过社会组织促进和推动德治文化建设起到了巨大作用。早在2013年桐乡凤鸣街道就出台了通过社会组织服务平台实现社会德治文化建设的政策意见，倡导“人人为我、我为人人”理念，强化“政府推动、民间运作”的志愿服务，在互助服务、公益慈善方面发挥重要作用，打造一批示范性强的公益服务项目和便民服务品牌，发挥社会组织在公共服务供给方面的有益补充。① 在党的十九大提出建设“自治、法治、德治相结合”的乡村治理体系后，更是不断推陈出新，打造升级版德治建设社会组织——乡贤参事会。乡贤参事会开展一系列德化教育工作，如推动健全、实施村规民约，维护公序良俗；协调邻里纠纷，促进基层社会和谐；弘扬优秀传统文化，促进奖教助学和乡风文明；组织慈善公益活动，开展扶贫济困等活动，展现出了良好的社会治理效能②。

综上所述，积极发展和引导农村社会组织参与“三治”体系建设，充分发挥社会组织协同共治的桥梁纽带效果，就要加强基层党组织建设和领导社会组织发展，在注重质量提升的基础上，加大社会组织培育力度，推动各类村社组织、民间调解组织、生产互助组织、文化交流协会的蓬勃发展。在日常治理中更要指导社会组织开展社会治理、公共服务、公益活动、村民自助服务、社区氛围营造等项目，使社会组织更好地发挥作用。

四、拓展公众参与的诉求表达空间

托克维尔在论述美国乡镇自治时写道“新英格兰居民之爱慕乡镇，并不是因为他们生于那里，而是因为他们认为乡镇是一个自由强大的集体。他们是乡镇的成员，而乡镇也值得他们精心管理”③。积极主动的公众参与是乡村社会治理的内在动力。其参与的规模、范围、程度和制度化水平是村民自治水平和质量的重要衡量标准，直接关系到乡村治理的目标实现和效能发挥水平。建设新时代“三治”结合乡村治理体系，要着重拓展村民群众参与基

① 中共凤鸣街道委员会 凤鸣街道办事处．关于推进社会管理“德治、法治、自治”建设的实施意见［EB/OL］．桐乡市人民政府网站：http：//www.tx.gov.cn/art/2013/12/10/art_1229402411_1793593.html.

② 参见中共桐乡市委组织部 宣传部《桐乡市培育发展乡贤参事会，深化基层社会治理实施方案》，2018年1月。http：//www.tx.gov.cn/art/2018/1/16/art_1616966_31979835.html.

③ 托克维尔．论美国的民主［M］．董果良，译，北京：商务印书馆，1989：74.

层治理的诉求表达空间，通过着力构建利于群众参与的体制机制创新，让民众在村庄政治参与中表达诉求，在协商民主活动中形成共识，积聚村庄自治的政治共同体基础。动员和拓展公众参与的诉求表达空间可以有力解决民众对新时代"三治"结合治理体系的认知滞后和不足的问题，这在社会资本存量有限的中西部传统农业型乡村更具实践价值。马克思曾指出：人的本质，不是单个人所固有的抽象物，在其现实性上，它是一切社会关系的总和。[①]社会是由个人组成的，是人的集合体。要想实现乡村善治，就必须让尽可能多的人参与到社会治理中，让有表达诉求的人发出声音。有了更多的声音和主张才有更多的情感倾向和预期，治理共同体的认同和文化基础才能逐渐形成。

进入新时代，高质量的经济发展和强大制造创新能力给了公民通过现代信息技术和智能制造产品扩大共同体政治参与的途径与载体。政府可以采用借助互联网新媒体、智能手机客户端等新技术工具进行乡村治理的广泛宣传，引导村民树立新型人际关系，摒弃旧观念。通过教育、培训、宣传等方式，一方面使村民切实了解参与公共事务的程序，多一点"舍我其谁"的担当，少一点"不归我管"的推卸，切实提高自我管理、自我监督、自我教育以及自我服务能力。另一方面能够使公众在教育培训的过程中认清明白个人利益与他人利益、个人利益与集体利益之间的关系，以理性的态度、饱满的热情积极参与到乡村治理中去。

进入新时代，可以说在家家连宽带、户户能上网的互联网社会文化熏陶下成长起来的新一代乡村民众，其眼界见识和思维结构比照过往乡民已经是天差地别，不再是"两耳不闻村外事，面朝黄土背朝天"的封闭状态了，村民渴求通过多元化的途径、广阔的平台，参与到乡村治理中去。因此，要创新村民参与平台的建设，发挥"互联网＋"的优势，支持村民利用网络渠道来表达诉求，在法律允许的范围内畅所欲言。相关部门要针对村民的利益诉求，积极主动地做出回应，形成良性互动局面。但是，由于网络传播具有虚拟性和快速性的特点，为防止各类炒作、散播谣

① 中共中央马克思恩格斯列宁斯大林著作编译局．路德维希·费尔巴哈和德国古典哲学的终结［M］．北京：人民出版社，2014：61.

言等行为的发生，政府也必须以网络空间问题为导向，建立健全管控机制，提高网络运行层次，使村民通过网络参与乡村治理变得更加自律、更富有成效。

五、烘托法治保障的制度环境氛围

《中共中央关于党的百年奋斗重大成就和历史经验的决议》指出：必须坚持党的领导、人民当家作主、依法治国有机统一，积极发展全过程人民民主。2020 年的《关于加强法治乡村建设的意见》指出，新时代法治乡村建设要坚持以社会主义核心价值观为引领，着力推进乡村依法治理，以法治保障为准规的行动秩序建设，是国家治理现代化的基础和保障，也是推进基层社会治理现代化、发展全过程民主的必由之路。可以说基层是社会的缩影，只有坚持依法治理才能确保人民安居乐业、社会和谐有序和国家长治久安。依法治国已经成为党领导人民治国理政的基本方略。新时代的基层社会治理无处不彰显着法治精神，通过强调完善和营造法治保障的制度环境来建设“三治”结合乡村治理体系建设和良性运行，可以将保障基层群众的合法权利落到实处，从而有效解决当下“三治”结合治理体系建设中“技术缺位”，法治对德治、自治支撑不足等问题。

进行法治乡村建设要树立新的立法理念，保证乡村立法要跟得上时代的变化和需求。法治乡村建设是一个长期性、系统性的工程，要优先规划、保障立法，结合新时代乡村社会治理发展的特征，废除旧立法，完善新立法，针对乡村社会快速发展变迁的中心问题，如土地流转、征地补偿、乡村金融、户籍迁徙等事关村民重大民生利益的事项完善法律、宣传法律。要着重加强普法队伍建设，加快创新普法的工作形式，以村民喜闻乐见的方式推进普法工作的全面落实。

进行法治乡村建设要强调烘托法治保障的制度环境。首先要强调基层政府的依法行政。在乡村治理法治建设实践中，必须体现行政主体的客观性和规范性，在面对和处理基层社会公共事务和公益事业时，政府摒弃主观判断和部门主义，按照规范化的流程做出客观判断和处置，通过对法律的遵循来获得基层社区的认可和支持，不断增强自身的治理能力。确保基层社会的自我运作、自我服务、自我监督和自我发展始终保持在规范而有序的轨道上展开，使居民参与、民主协商以及服务实践等方面始终有法可依，在依法治理的过程中，基层的权威和影响力得以充分发挥，不断引导居民和各种社会组织积极参与协作共治。

第二节　明晰自治、法治、德治相结合的思路导向

坚持自治、法治、德治三种治理方式、治理规范、治理理念结合共治是新时代“三治”结合乡村治理体系建设的依据和方向。新时代“三治”结合乡村治理体系建设要坚持自治为基、法治为本、德治为先，健全和创新村党组织领导的充满活力的村民自治机制，强化法律权威地位，以德治滋养法治、涵养自治，让德治贯穿乡村治理全过程。

一、深化自治实践，推动多元主体参与治理

社会主义不是按上面的命令创立的，它和官场中的官僚机械主义根本不能相容；生气勃勃的创造性的社会主义是由人民群众自己创立的①。新时代“三治”结合治理体系建设要以自治为基，而村民自治是国家治理体系中践行人民当家作主的基本政治制度。通过农村村民自治制度，人民群众在基层政治生活中表达政治诉求、平衡利益关系、形成村庄共识、达成一致行动，在真正实现自治管理自治、自己解决自己的问题过程中激活村庄政治——达成政治认同、增加社会资本存量，这才是村庄达到善治的过程。因此，有效的村民自治正是乡村治理“三治”建设的前提和基础。

深化村民自治实践，推动多元主体参与治理，就要增强村民自治的组织能力。在具备基础自治条件和能力的条件下进行法治和德治建设②，其具体做法包括：首先，完善村民自治组织的法治规则、法治程序、法治执行。具体办法是通过法治建设促进村民自治政治活动的农村“五个民主”等制度建设；通过规范村民委员会等自治组织选举办法，健全民主决策程序，实现乡

① 中共中央马克思恩格斯列宁斯大林著作编译局．列宁全集：第三十三卷［M］．北京：人民出版社，1985：53.

② 具体路径措施可以参考前述章节 5.2《传统农业型乡村“三治”结合治理体系建设类型》。

村多层次基层协商民主格局；通过创新村民议事形式，完善议事决策主体和程序，落实群众知情权和决策权；通过树立规则、明确程序让农村居民在参与治理的社会实践中不断形成法治规范保障下的民主意识、参与意识和民情意识[①]，真正能自觉主动地参与到社区基层事务和公益事业的管理中去，使法治和民主成为一种习惯、一种生活和工作方式、一种行为准则和态度。其次，充分发挥自治章程、村规民约、家规家训在农村基层治理中的德治作用。通过村民自治组织，如自治委员会、老人协会、乡贤会、村史馆等村庄文化表现载体传播弘扬公序良俗、优秀传统文化、社会主义核心价值观。有条件的地区可以挖掘红色革命文化资源，进行革命文化教育。使自治组织既具行动力又具有文化认同力，真正使自治权力、国家法治权力、文化认同的德治权力实现有效结合，成为汇集多元主体参与治理的结构性平台。最后，通过乡村社会组织建设德治。社会组织对于凝聚社会资本、形成共识文化基础发挥重要作用，毛泽东评价社会组织：无论叫什么名称，无论每一单位的人数是几个人的，几十个人的，几百个人的……总之，只要是群众自愿参加（决不能强迫）的集体互助组织，就是好的[②]。社会组织作为承接政府部分职能转移的新的组织载体，是实现政府与农民协调互动的重要依托，有利于凝结社会资本，促进农民与政府之间的相互认同和信任[③]。正是在社会组织的参与与表达过程中，社会组织培育和激发农民主体意识和民主意识，增强农民对于组织的归属感和认同感，从而有力地塑造农村德治文化结构，强化乡村治理的文化根基。

二、建设法治乡村，德法共治保障活力自治

法治是国家现代治理的准则，是保障村民自治内容的依据和根本。2020年国家《关于加强法治乡村建设的意见》对法治乡村建设提出明确要求，新时代“三治”结合乡村治理体系建设要着力推进乡村依法治理，教育引导农村干部群众办事依法、遇事找法、解决问题用法、化解矛盾靠法，走出一条

① “民情”指对基层治理共同体的感情，对应托克维尔描述美国乡镇自治的“民情”。

② 毛泽东．毛泽东选集：第三卷［M］．北京：人民出版社，1991：931.

③ 殷烁．中国特色社会主义乡村治理中社会组织的生长逻辑［D］．武汉：武汉理工大学，2018.

符合中国国情、体现新时代特征的中国特色社会主义法治乡村之路。

首先，树立自治标准，不断强化法律的权威地位。树立法律的权威地位要着眼于完善乡村法律体系，通过完善和健全为乡村自治保驾护航的各项法律法规，使法律法规符合乡村社会发展的实际需要。当前我国的乡村法治建设已经取得了一系列看得见、摸得着的实效。相关数据统计显示，截至2018年12月，农业领域共有法律15部，行政法规29部，部门规章148部，农业农村总体上实现了有法可依①。但是，与乡村自治的需求相比，法治建设仍然存在短板。新时代的法治乡村建设，要着重围绕乡村振兴和乡村治理体系的重点立法问题，加快乡村土地制度改革、集体产权制度改革、现代乡村治理等领域的立法建设，积极推进乡村振兴促进法、农村集体经济组织法、农村土地承包法等法律法规的制定和修订工作，增强法律的及时性、系统性、针对性和有效性②。有效保障村民的民主参与权，调动村民的积极性和创造性，实现道德与法律良性互动。真正实现现代与传统交相辉映，必须坚持以法治国和以德治国相结合，使法治和德治在国家治理中相互补充、相互促进、相得益彰，推进国家治理体系和治理能力现代化。

其次，要提升乡村执法水平，为乡村自治营造良好社会环境。要确保乡村各项法律法规严格实施，就需要打造一支知法、懂法、可靠的执法队伍。要推进乡村基层综合行政执法改革，不仅要加强县区一级执法队伍在乡村的交流，还要增加乡村执法队伍赴县区锻炼学习，不断提升基层干部依法办事能力，真正确保执法公正文明。

再次，要积极开展乡村法律援助。加强乡村法律援助，既是推进法治乡村建设的重要抓手，也是保障乡村自治的重要手段之一。我国乡村长期存在公共法律服务供给不足和水平不高的问题。要按照中共中央、国务院《关于完善法律援助制度的意见》的治理要求，对加强法律援助工作作出全面部署，不断健全以法律援助为主要内容的乡村公共法律服务体系。

最后，提高村民法治素养，深入开展“乡村法治”宣传教育活动。中国

---

① 本报作者.2018年终盘点：农业农村法治建设稳步推进［N］.农民日报，2018-12-11.

② 农业农村部法规司.乡村治理体系和能力现代化的根本保障——改革开放40年我国农业［J］.农村工作通讯，2018（11）：21-25.

多数农村地区教育水平较低，乡村社区可以联系一些城市的法律协会等社会组织，同时大力争取政府的资金支持，安排法律协会等组织到乡村社区进行普法教育，提高乡村社区居民的法律意识。为农民普及法律知识，树立法律至上的观念，鼓励农民学法，运用法律论证和主张自己的合法权益。法律要发挥作用，需要全社会信仰法律。建设乡村法治就要让农民意识到法律不是国家层面遥远又冰冷的秩序，使全体人民都成为社会主义法治的忠实崇尚者、自觉遵守者、坚定捍卫者。而当法律以国家层面的正式制度与乡村自治和乡土德治文化深刻结合时，无论是国家法治规范还是乡村自治规范都将具有更强的对乡土秩序的论证和解释能力，人民会将法律视为自己参与订立的"契约"，从而尊崇法治、敬畏法律。

法律是成文的道德，道德是内心的法律。通过保障基本的法治实践和法治教育，从而促进农民法治意识向道德意识的转化：把守法内化为道德上的义务，由他律守法转变为自律守法，由自在的意识觉醒为自为的意识——"法律能够唤醒和指导人们心中模糊存在的爱国本能，而在把这种本能与思想、激情和日常习惯结合起来时，它就会成为一种自觉的和持久的感情。"①

三、强化德治引领，提升乡村善治社会资本

法律是准绳，任何时候都必须遵循；道德是基石，任何时候都不可忽视。新时代"三治"结合乡村治理体系建设，自治是基础，法治是保障，德治是先导。德治作为实现思想文化认同的先发机制是新时代"三治"结合治理体系建设的"润滑剂""催化剂"。针对当前"三治"结合治理体系建设中表现出的"认知滞后"的问题，德治文化的"催化剂"是人们思想认识提升的特效方案。以传统中国的儒家道德文化为例，一整套伦理纲常的思想制度体系，实现了乡土社会千年的有效治理。可以说中国传统的德治文化蕴含了中华民族几千年来繁衍生息、长治久安的文化密码，是我们社会任何时候都必须遵循的"定式"。法安天下，德润人心。法律有效实施有赖于道德支持，道德践行也离不开法律约束。法治和德治不可分离、不可偏废，国家治理需要法律和道德协同发力。在新时代乡村治理体系建设中要特别注意发挥乡村

① 托克维尔．论美国的民主［M］．董果良，译，北京：商务印书馆，1989：121.

德治中道德规范和乡规民约的作用。要通过德治为国家法治供给在地资源，有效化解法治水土不服的困境，夯实乡村自治的非正式基础，真正实现国家正式规则与乡村非正式规则的有机衔接，协同发力、相互滋养，推动“三治”结合治理向更高层次的“三治”融合演进。

首先，通过传统文化提升广大村民对自治和法治的认同感。乡村文化是村民的文化根脉，是乡村治理过程中必须坚持和传承的东西。传统文化中蕴含着丰富的自治和法治的思想元素，充分挖掘和使用传统文化中的自治和法治思想将对新时代“三治”结合治理体系的建设起到事半功倍的效用。其具体做法包括修订村规民约，弘扬家风家训，通过编撰乡史村史营造乡村的传统文化氛围。

其次，在自治过程中要充分发挥道德的约束作用。第一，树立乡村道德典型。通过发挥村治组织的权威和评议力量，在乡村范围内进行道德模范的评选，为乡村设立道德基准。第二，通过党员带头的反封建迷信活动，深入推进乡村移风易俗的德治建设。第三，通过充分发挥村民议事会和道德评议会等组织的道德宣扬功能，强调德治对自治的先发机制和引领作用，增强社会组织的活动能量和文化影响力。

最后，强化德治引领，提升乡村治理软实力要尤其注重对传统文化的开发和采用。温铁军认为文化是社区同质性的一种非物质承载，而对乡村文化的重建本身就是增强社区合作意识、合作能力的过程①。村庄共同的传统文化更是保存社区记忆、增强社区认同、形成公共规则的重要载体②。因此，在乡村治理体系建设中，要着力通过文化建设构建德治引领自治和法治的体制机制，可以开展如赛龙舟、演戏剧等③这些在乡村影响历史久远又表现直接的传统文化复兴活动。这些活动作为一种乡村习俗的文化表现形式，承载

① 温铁军，杨帅．中国农村社会结构变化背景下的乡村治理与农村发展［J］．理论探讨，2012（6）：76－80.

② 张良．乡村公共规则的解体与重建［J］．浙江社会科学，2016（6）：74－79.

③ 乡村戏剧可以说是一种广泛的农村文艺活动。该项活动形象生动，极富感染力，又不受文化程度高低的限制，乡村戏剧的内容普遍融商贸、伦理、宗教活动为一体，人们在观看各种戏剧的过程中会受到教益——传统社会的主流意识形态观念，如仁义礼智信也主要是通过这个渠道渗透到农民心里的。参见张鸣．乡村社会权力和文化结构的变迁［M］．太原：山西人民出版社，2008：212.

着乡民们重要的生活理念或者文化内容，是对乡村共同体文化认同的客观表现形式，是乡村德治建设的宝贵资源。

第三节　建设新时代"三治"结合乡村治理体系的实践举措

按照"顶层格局—中层路线—底层对策"的路径结构，建设新时代"三治"结合治理体系的具体实践举措是体系建设的"规划与格局""思路与主张""理想与现实"落地的部分，是国家政策和理论成果与现实衔接的部分。

一、党建融合机制，发挥协调统筹作用

中国共产党是中国特色社会主义现代化建设事业的领导核心。在新时代"三治"结合乡村治理体系建设中，党的基层组织还要通过其体制性权力发挥其他治理主体无法实现的功能：融合机制。

自治、法治、德治作为三种不同类型的治理方式，并非可以毫无抵牾良性互动。党的融合机制要实现乡村自治、法治和德治的融汇集成，即以"合"的逻辑促进乡村治理体系的结构性均衡①，不光是在顺境中服务群众，更要在逆境中教育和锻炼群众——毛泽东的思想高屋建瓴："我们共产党员应该经风雨，见世面；这个风雨，就是群众斗争的大风雨，这个世面，就是群众斗争的大世面。"②

首先，融合机制体现为党建融合的补位功能。结合前述章节我国乡村治理体系建设类型③，可知我国沿海经济发达的现代化乡村和传统农业型乡村在历史文化、资源禀赋、经济社会各方面差异明显，前者属于资源流入型乡村可以借助其强大的财政实力同时进行自治、法治、德治建设，实现并联式

① 张明皓，豆书龙．党建引领"三治结合"：机制构建、内在张力与优化向度［J］．南京农业大学学报（社会科学版），2021（1）：32－41.

② 毛泽东．毛泽东选集：第三卷［M］．北京：人民出版社，1991：933.

③ 见前章节 5.2、5.3.

发展[①]。后者普遍呈现资源绝对流出状态，村庄内部的自治、法治、德治发展普遍不均衡，往往只能采用串联式发展，即首先发展自治，随后发展法治、德治。对于传统农业乡村各种治理资源稀缺的情况，基层党建可以成为乡村治理弱项补位的引领主体[②]，发挥其补位机制，促成互补余缺，融合共生。在自治、法治、德治三种治理规范中，相较自治是乡村内生正式权力，德治作为内生非正式的文化权力，其治理能量弥散于乡村社会。法治作为乡村外生的国家正式权力则容易疏离于村庄治理之外。党建作为乡村治理的体制性权力要构建补位功能：引领自治，充实、保障自治；推进法治建设，保障法治补位；开发乡村德治资源，促进德治认同机制与自治行动机制、法治普遍秩序的交融滋养。

其次，融合机制体现为党建融合的整合功能。我们共产党员，无论在什么问题上，一定要能够同群众相结合[③]。对于党组织的整合功能，毛泽东同志鲜明指出了党之于群众的作用："每一个共产党员，必须学会组织群众的劳动。知识分子出身的党员，也必须学会……他们可以帮助群众组织生产，帮助群众总结经验……发动群众的创造力和积极性。"[④] 新时代"三治"结合乡村治理体系的治理优势要通过自治、法治、德治三者良性互补，表现出"1+1+1>3"的效果。党建的整合功能即通过优化组织流程、激励动员组织成员以统筹协调"三治"关系，解决治理主体因认知、动力不足造成的缺位问题。全面发挥党建对乡村自治、法治和德治在主体、结构、功能等各方面的整合，以全面激活乡村自治、德治和法治的共治需求，实现乡村自治、法治和德治的功能聚合[④]。

最后，融合机制体现为党建融合的调控功能。党建的调控机制在于目标共建、强调增益、促进协同、减少内部损耗，优化服务人民的体验，以此更好地为人民服务。这种服务的过程同时也是党建协调统筹"三治"结合体系建设"以人民为中心"的治理过程。在这一过程中，党建调控机制发挥作用

---

① 并联式发展即同时建设发展。参见：邹一南．深刻理解中国式现代化的"并联式"发展特征［N］．光明日报，2021-12-9：https：//m.gmw.cn/baijia/2021-12/09/35368236.html.

②④ 张明皓，豆书龙．党建引领"三治结合"：机制构建、内在张力与优化向度［J］．南京农业大学学报（社会科学版），2021（1）：32-41.

③④ 毛泽东．毛泽东选集：第三卷［M］．北京：人民出版社，1991：933.

的组织原则基础是民主集中制[①]，而农村基层协商民主正是党组织领导群众实行民主集中制的体现，更是党的群众路线的彻底体现。农村基层协商民主制度可以充分体现社会主义民主政治的优越性，有利于加强社会主义法治乡村建设和社会主义现代化强国建设，是社会主义民主政治的理论创新和制度创新在农村的体现[②]，是在乡村治理过程中党组织调试制度、把控节奏，发展中国特色社会主义全过程民主的卓越制度。通过农村基层协商民主，基层党组织体制性权力有效调控自治、法治、德治权力运行，汇聚各方治理主体共识，上升为村庄集中统一意志。这一系列从体系到结构到流程的调试与把控可以真正践行社会主义全过程人民民主，发挥党建融合各主体、各权力的体制性作用，保证“三治”体系的结构功能稳定。

二、培育多元主体，实现社会良性互动

培育多元主体，实现社会良性互动，需要加强以党建统领、政府推动，社会组织充分参与，加强基层党建统领“三治”结合多元主体建设的总体格局；发挥基层群众自治组织主导作用；发挥基层社会力量协同作用。

首先，加强基层党建统领“三治”结合多元主体建设的总体格局。党的领导是中国特色社会主义最大的制度优势——基层党组织所具有的源于社会，又先于社会的特殊身份，给基层社会治理体系建设提供更多选择和空间。党的领导作用的发挥在于审时度势，科学规划，机制搭建，统筹协调，平稳推进。

第一，审时度势，合理规划。基层党建要立足于乡村实际的经济发展水平、地理人情、村庄治理资本存量等客观条件。科学客观评估适宜本地发展建设的“三治”结合模式和类型[③]。在科学研判乡村自治、法治、德治发展的整体形势基础上，编制统筹全局的发展规划。在具体的实践推进中可以采

① 张明皓，豆书龙．党建引领“三治结合”：机制构建、内在张力与优化向度［J］．南京农业大学学报（社会科学版），2021（1）：32－41.

② 李明，朱哲．社会主义协商民主与群众路线融合的实践价值［J］．人民论坛，2016（2）：36－38.

③ 见前述5.2、5.3提出的两类代表性区域“三治”结合建设类型。图为浙江桐乡“三治”融合治理体系组织结构图。

用援引兼容性、适用性强的建设标准指标和责任清单（图 7－2）[①]，促进“三治”健康发展。

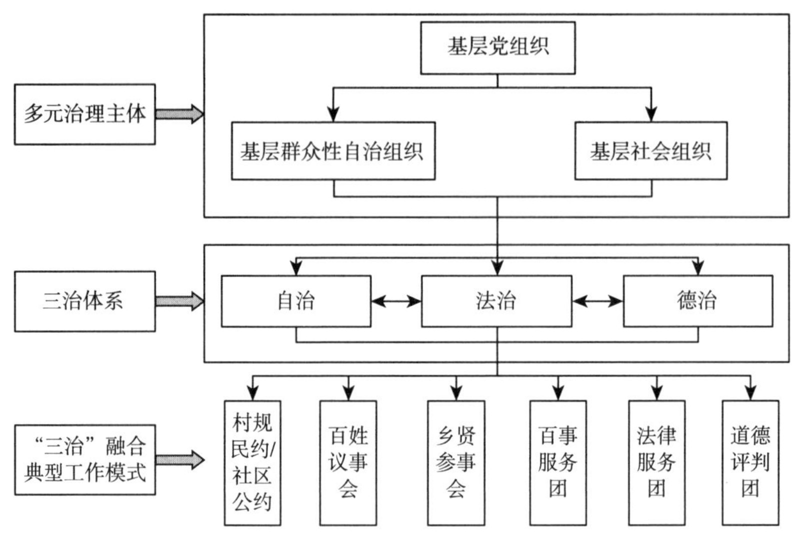

图 7－2　桐乡“三治”融合组织结构图

第二，合理布局，搭建组织机制。基层党建统领“三治”结合多元主体建设的总体格局，在加强自身组织力、凝聚力、战斗力的同时要加强在乡村自治、法治和德治方面的组织体系覆盖。切实发挥党组织体制性权力统领自治主体、法治主体、德治主体权力的领导权职，使自治、法治、德治为代表的多元主体在党建“主体”下健康有序发展[②]，呈现新时代“一主多元”治理体系化的结构性特点。

第三，统筹协调，稳健推进。基层党建统领“三治”结合的多元主体格局建设，要有效利用自身体制性权力，综合平衡、协调处理乡村自治、法治和德治各规范的内在紧张关系。通过发挥社会主义全过程民主的制度优势，

① 浙江桐乡在推进“三治”融合治理中形成了系列科学的建设指标体系，其他地方在建设“三治”体系时可以通过援引借鉴，激发治理创新。建设标准和组织结构见图 7－2。指标体系见附件一。摘自嘉兴发布《自治、法治、德治“三治融合”建设规范》地方标准。网址链接：https：//www.thepaper.cn/newsDetail_forward_2466448.

② 自治权力、法治权力、德治权力分别来源于不同的权力授予，受到不同的权力来源、权力行使主体、运行方式的影响，三者之间存在冲突，不能总是相安无事，参见陈寒非．乡村治理中多元规范的冲突与整合［J］．学术交流，2018（11）．

通过构建协商民主和治理纠偏的制度体系稳步推进治理体系建设，保证乡村治理平稳有效。

其次，地方政府有力推动，保障基层群众自治组织有序参与治理。基层政府要加强基层群众性自治组织建设的指导规范、政策支持和财力物力保障，加强准入事项清单管理，制定县（市、区）职能部门、镇（街道）在城乡社区治理方面的权责清单，明确所承担的工作事项清单以及协助政府工作事项清单，实现村（社区）力量“归位赋权”，引导村（社区）把主要精力放在推动群众自我管理、自我服务、自我教育上来，实施基层自治。促进政府行政管理与基层自治组织的衔接互动，着力维护村（居）民委员会、农村集体经济组织、农村合作经济组织的特别法人地位和权利。

最后，培育和发展各类社会组织，充分发挥其社会协同治理作用。具体做法包括：开展各类商会、协会，培育公益慈善、城乡社区服务类社会组织及帮助解决居家养老、环境保护、慈善帮困等方面的服务、公益和社会互助组织等；深化“以社区为基础、以社会组织为载体、以社工为骨干”[①] 的“三社联动”机制构建；通过积极推进政府购买社会服务，推动承接政府转移的公共服务职能，让社会组织成为联通政府、社会和居民之间的桥梁纽带。

三、优化体系功能，推动基层协同共治

首先，优化自治体系，提升治理体系内生动力。乡村治理体系建设，自治是基础，决定着治理共同体的内在动力。优化自治体系，不断强化自治的基础作用，要强调政府引导作用，培育基层自治力量，扩大基层自治权力，激发基层自治活力，促进民事民议、民事民办、民事民管。第一，完善自治制度，推进基层民主。要健全党组织领导下的村民自治机制，健全完善基层民主选举、民主决策、民主管理、民主监督等自治制度，保障群众的知情权、参与权、表达权、监督权。强化民主决策，按照村级“五议两公开”程序和民主集中制原则实行决策。强化民主管理，完善财务支出审批、建设工

① 周梅芳、陈建新、王正华，等．嘉兴助推自治、法治、德治建设的实践与思考［J］．中国司法，2018（7）：45－48.

程实施、经济合同管理等工作流程。强化民主监督，制定村级“小微权力清单”“监督责任清单”，将党务、村务、财务列入监督内容。加强基层自治规范性建设，科学、民主、依法制定自治章程、村规民约，丰富基层自治形式，强化协商民主，提升基层自治组织自我管理与服务能力。第二，突出主体地位，动员群众参与。大力推广村级民主恳谈会、村民议事会、乡贤参事会、志愿者服务等参与自治的方式，增强村民参与自治能动性，广泛吸收人民群众的意见建议，凝聚各方共识，提高乡村社会治理的科学性和民主性，凸显村民主体地位。要以着力扩大有序参与、推进信息公开、加强议事协商、强化权利监督为重点，切实提高群众依法行使民主权利和履行义务的自觉性，调动村民群众参与共同体治理的主动性和积极性，以民众参与促进社会和谐，真正实现自我管理、自我服务、自我教育、自我监督。第三，激发乡村社会组织活力，实现社会协同。通过深入探索政府与社会组织之间的分工协作机制，扩大基层社会组织参与社会治理的范围、渠道，鼓励和引导各类行业协会、商会、专业社工机构等社会组织，围绕村（社区）基本生活服务需求，在解危帮困、防灾减灾、健康养老、文体娱乐、教育培训、公益慈善、社区矫正、纠纷调解、预防犯罪等方面提供多层次、多样化、高质量的社会服务，有效参与社会治理、提供公共服务、反映利益诉求，实现社会协同治理。第四，探索乡贤参与社会治理机制，全面发展乡贤参事会，培育有地方特色和时代精神的新乡贤文化，吸引支持企业家、党政干部、专家学者、医生教师、技能人才等回馈故里，参与基层治理，促进社会和谐①。

其次，优化法治体系，提升治理体系制度框架强度。法治代表国家治理的正式权力，是治理体系中的“硬实力”。通过健全法治体系，规范乡村各类治理权力的界限范围将极大提升乡村治理体系制度框架的刚性与强度，为全面依法治国，全面建设法治社会夯实制度根基。第一，优化法治供给。优化法律服务平台，推进公共法律服务实体平台、热线平台、网络平台“三大平台”建设，加强各级公共法律服务中心（站、点）规范化建设，积极推动法律服务向村（社区）延伸。要加强公共法律服务标准化建设，提升服务质

---

① 周梅芳、陈建新、王正华、等．嘉兴助推自治、法治、德治建设的实践与思考［J］．中国司法，2018（7）：45－48.

量，引导人民群众用法律武器维护合法权益。要强化法律服务供给，通过深化村（社区）法律顾问制度，推动法律顾问定期服务、预约服务、主动服务成为常态，加快推进法律顾问线上平台建设，实现线下、线上服务的有机融合。要完善县、镇、村三级法律服务团制度，开展组团服务，通过参与基层决策、诉求化解、法律援助、法律咨询等活动，提供专业法律服务，从源头上推动、引导群众走法律途径解决问题。第二，营造法治文化。要开展普法教育。健全媒体公益普法制度，整合各类资源，依托微信、微博、App 等新兴网络媒体，广泛开展群众关心关注的法律知识阐释、重点案情通报、法律问题解答，传播法治精神。组织开展国家宪法日系列宣传、法治主题教育、集中宣传、法律咨询、送法下乡等一系列活动，努力营造良好法治氛围。将法治元素融入群众日常生产生活，建立完善法治公园、法治长廊、法治广场、法治学校、法治茶馆、法治驿站、法治书屋、公共法律服务点、人民调解室等基层特色法治阵地。促进微电影、微视频、微动漫、微小说等法治文化精品创作，举办各具特色的法治文化巡演，组织开展法治公益广告、法治漫画、法治故事征集评选和传播等活动，发挥法治文化的引导、教育、塑造和规范作用。第三，以法治化解社会矛盾。深化人民调解、行政调解、司法调解“三调联动”，健全调解、仲裁、行政裁决、行政复议、诉讼等有机衔接、相互协调的多元化矛盾纠纷解决机制，引导群众依法化解矛盾、解决纷争。

最后，优化德治体系，营造治理体系文化认同氛围。德治体系的建设着力营造善治的文化氛围，呈现出春风化雨，润物无声的文化治理功效。营造德治的文化认同氛围，要着眼于以社会主义核心价值观为基本，大力推进社会公德、职业道德、家庭美德、个人品德建设，在全社会形成普遍认同的道德标准和价值尺度，营造崇德向善、诚信友爱的良好社会风尚。第一，以规立德。广泛开展宣传教育，推动社会主义核心价值观宣传全覆盖。把社会主义核心价值观体现到村规民约、社区公约、学生守则、行业规范、团体章程和家规家训中，使规范治理的过程成为传导正确价值取向的过程。强化规范约束，通过乡贤的力量、村规民约的权威、生活礼俗的教化，引导人们行为、规范社会秩序。大力倡导广大家庭挖掘、整理、编写好家训，推动家训挂厅堂、进礼堂、驻“心”堂，让好家训好家风代代相传。因地制宜建设一批具有浓郁地方特色的家风馆，使其成为家训家风传承、教育、实践基地。定期开展"最美家庭"选树活动，广泛传播好家训、宣传好家风、展示好家庭，引领最美风尚。第二，以文养德。深化"千万农民素质提升工程"，运用培训讲座、文艺演出、知识竞赛等多种形式，开展宣传教育，提升居民的整体文化品位和道德修养。大力推进农村文化礼堂"建管用育"长效机制建设，广泛开展教育教化、家风家德、礼仪礼节、文化文艺等活动，以文化人、以文亲民。推广农户文化庭院建设模式，建设"五站式"文化庭院，实现公共文化项目"零距离"服务。强化基层"宣传文化员、志愿服务员、专家指导员、政策宣讲员、文艺辅导员"五员队伍"建设。全面开展"结对子、种文化、育文明"活动，组织开展文化礼堂"我们的村晚"、村歌大赛、文化走亲等各类文化惠民活动，传播正能量、提升精气神①。第三，以评树德。充分发挥"道德模范"评选和"最美"精神文化品牌影响力、感染力和引领力，广泛开展身边好人、好婆媳、好妯娌、新时代好少年（美德少年）等评选评议活动，组织开展"万名好人进校园""万张红榜送好人"等宣传活动，扎实推进"最美人物"发布、乡村好人榜、善行义举榜等品牌建设。强化村民的社会责任意识、规则意识、集体意识、主人翁意识，广泛通过先进"亮牌"和设立"红黑榜""曝光栏"等，评判正反两方面典型，倡导群众"学"身边的典型和榜样，"改"身边的缺点和毛病，在广大群众中树立崇德光荣、失德可耻的价值导向。通过道德评判团等群众组织广泛开展乡风评议活动，褒扬好人好事、文明新风，引导自我管理、自我提高，反对封建迷信、铺张浪费，遏制陈规陋习，推进移风易俗。

四、重视文化权力，筑牢现代治理压舱石

繁荣的市场经济催生出多样的利益诉求，衍生为多种多样的文化形态。这些文化形态所具有的价值、目标和正当性说明为世界和人们的内心注入了为更好的生活而追求的向往和希望②。这些向往和希望充满光芒和力量，但同时也制造了隔阂与不认同。葛兰西说，意识形态的真正权力是组织一个社

---

① 浙江省嘉兴市市场监管局．标准化助力新时代基层社会治理创新［J］．中国市场监管报，2019（12）．

② 张静．社会治理：组织、观念与方法［M］．北京：商务印书馆，2019：159．

会的文化以“常识”面貌出现并传递关于世界的所有认识。文化具有社会整合、价值导向的重要功能，通过对文化的正当性进行论述，可以使人们产生对制度的认同和尊重，文化的论述权力由此成为国家治理的重要权力。

古代中国推崇以德治国：上好礼，则民莫敢不敬；上好义，则民莫敢不服；上好信，则民莫敢不用情①。通过仁义礼智信的文化论述，编织一整套基于正式的和非正式的文化制度、规则体系的“权力网络”② 实现了千百年的有效治理。新时代“三治”结合治理体系中德治建设的核心就是要通过文化宣传、文化论述、文化积淀培养和教化民众，在公民教育、激活公民参与和发育公民治理模式的过程中，培育具有民主品格的现代公民，是中国现代国家治理体系成长的关键问题③，更是国家治理体系现代化的中心问题——文化和人的现代化④。因此，文化权力的有效运作的目标是通过编织精神纽带，凝结人们的社会认同，打造“三治”结合的治理文化，最终实现人的现代化。

首先，构建“三治”结合文化机制。新时代“三治”结合乡村治理体系本质上是一种维护社会公平正义的机制⑤。新时代“三治”结合文化机制构建的要点是通过多种途径，利用教育和媒体等手段大力增加社会规范、现代价值观念的供给，教育和引导农村居民理解和内化信任、公正、合作、博爱等理念。第一，夯实乡村教育基础，切实贯彻国家关于乡村教育的扶持政策和措施。正规的学校教育是进行乡村文化建设的首选，要加大对乡村教师的激励力度，保存人才、吸引大学生回乡任教，形成良好的人才保存和激励机制。第二，培育现代职业农民，促进乡村治理专业化水平提升。通过地方政府或社会组织推动的人力资源培养和培训机制，培养现代职业农民和乡村建设人才。第三，通过政府供给、民间组织承接及市场协作等方式进行先进文

---

① 引自《论语·子路》。

② 杜赞奇．文化、权力与国家：1900—1942年的华北农村［M］．王福明，译，南京：江苏人民出版社，1994：77.

③ 唐皇凤．中国国家治理现代化路径选择的若干思考［J］．华中科技大学学报，2014（3）：14－15.

④ 党的十九届四中全会指出：“增进人民福祉、促进人的全面发展是我们党立党为公、执政为民的本质要求”。“发展社会主义先进文化、广泛凝聚人民精神力量，是国家治理体系和治理能力现代化的深厚支撑”。

⑤ 见前章节2.3.2“三治”结合治理的本质和内涵是社会公正维护机制。

化建设，通过走出去扩大交流的方式开阔眼界，营建先进文化。

其次，营造"三治"结合文化氛围。通过倡导契约精神、独立自主的自治精神、治理共同体的合作精神、参与意识、协商精神等，进一步强化乡村民众作为现代治理主体的自我意识和自主精神，形成浓厚的共商共治共建共享的治理文化氛围。要着力打造诚信文化体系，通过探索实施"三治"结合积分制管理；"三治"结合农信贷；依托"三治"结合治理体系的平台载体进行村民诚信档案建设等思路做法，促进乡村德治诚信体系建设和"三治"结合文化氛围的营造。依托"三治"结合治理平台的组织载体搭建乡村社会心理服务工作机制，培育社会心理服务人才，切实发挥社会心理服务体系建设在预防矛盾风险、保障心理健康，促进社会和谐方面的积极作用。使"三治"结合治理的体系平台和机制保障成为实现乡村振兴事业的稳定器和催化剂。

最后，厚植"三治"文化资本。"道为术之灵，术为道之体"①。治理的艺术不止于技术，更是代表自上而下又自下而上的认同的文化。"求木之长者，必固其根本；欲流之远者，必浚其泉源。"② 只有滋养富有社会主义特色的文化传统，积累助力良善治理的文化资本，新时代国家治理体系和乡村治理体系才能根深叶茂，繁荣昌盛。第一，"欲善其事，必先利器。"要通过释放自治空间，营造自治氛围，鼓励村民参与共同体治理，培养村民民主自治、主张诉求的政治习惯，逐渐形成"参与型"治理文化。第二，通过规范法治行为、营造法治氛围，培育民众依法参与治理的规则意识，塑造"规则型"的乡村治理文化。第三，通过党政组织开展治理文化活动营造"三治"结合文化氛围。通过社会组织引领"三治"结合建设实务，通过号召民众广泛参与"三治"结合治理，增强社会成员的责任意识③。最后，通过农村地区宗教工作促进"三治"结合治理。宗教工作的本质是群众工作，无论是国家的乡村振兴，还是建设自治、法治、德治相结合的乡村治理体系，农村地区宗教工作对农村的乡风文明建设，乃至农村经济社会的发展都会产生直接

① 引自：《孙子兵法》。

② 引自：唐代·魏征《谏太宗十思疏》。

③ 姜晓萍、许丹．新时代乡村治理的维度透视与融合路径［J］．四川大学学报（哲学社会科学版），2019（7）．

而实际的影响[①]。通过开展以“三治”结合为主旨的农村宗教工作最大限度地把农村信教群众团结在党和政府周围，让他们共享经济社会发展成果，获得物质和精神方面的真诚关心和帮助；通过调动他们的积极性、主动性、创造性，激励他们全身心投入到新时代现代化治理体系和乡村振兴事业的建设实践中；通过对乡村“三治”结合的治理文化宣扬，普及村民关于村民自治、乡村法治的相关知识、技能；结合开展文化、科技、卫生“三下乡”活动，宣传宗教政策法规，培育文明乡风、良好家风、淳朴民风，不断提高社会文明程度；切实加强村民爱国主义、集体主义、社会主义教育，在农村地区营造生动活泼、健康向上的文化氛围，从而真正形成“三治”结合文化资本深刻积淀、多元主体广泛参与、多元协商共建共治共享的善治局面。

① 李明．关于做好农村地区宗教工作的思考［J］．中国宗教，2021（2）：52-53.

结　语

一个国家选择什么样的治理体系，是由这个国家的历史传承、文化传统、经济社会发展水平决定的，是由这个国家的人民决定的。同中国特色社会主义制度和国家治理体系一样，新时代“三治”结合的乡村治理体系同样是在中国的社会土壤中生长起来的，是经过革命、建设、改革长期实践形成的，是马克思主义基本原理同中国具体实践相结合的产物，是理论创新、实践创新、制度创新相统一的成果，凝结着党和人民的智慧，具有深刻的历史逻辑、理论逻辑、实践逻辑。

现代中国的乡村治理与近现代中国的社会演进、经济发展、政治变迁息息相关：从近代中国共产党领导进行土地革命，到推行农村家庭联产承包责任制改革、到21世纪千年农业税废除；从建设中国特色社会主义进入新时代后的第五个现代化建设，到2017年中共中央提出乡村振兴战略和健全“自治、法治、德治相结合”的创新乡村社会治理体系建设。乡土社会的变革一直与国家社会的主要矛盾、时代诉求紧密相连。亨廷顿认为农村是现代社会建设的力量所在，同时也是社会秩序动荡的根源。我国有着广袤的农村土地，数以亿计的农村人口。农村是我国最广泛最深厚的基础所在，同时也是最可靠最坚韧的力量所在①。农业、农村、农民是我们的国家和文明永远无法回避的主题。与乡土社会相伴相生的治理问题也将是一个永无止境且永不过时的主题。诚如马克思的矛盾动力学说描述的：矛盾是永远存在的，相互矛盾的关系和作用力是事物发展的动力——正是乡村社会矛盾的存在让乡村治理事业生生不息、创新突破、迭代发展。

① 回顾中国近现代发展的历程：土地革命、解放战争、社会主义改造、改革开放、新世纪国家建设、新时代乡村振兴，无论战争抑或建设，革新抑或发展，农民和农村社会从不曾缺席任何一段史诗般的旅程。

人类的认知是有限的，无法一步到位设计出完美的社会制度。有效的社会治理模式更是伴随着人们对社会的理解渐进演化的结果。在这个过程中，“问题”是社会治理得以不断优化升级的钥匙：“问题”使人们得以从另类的视角进行审思，以此为人类社会提供了改进和提高的机会。“三治”结合乡村治理体系在发展中必然碰到各种各样的问题与矛盾，有些问题可能永远解决不了，但毫无疑问给研究者和政策制定者提供了思考的空间，以便完善治理制度渐进性演化的过程。中国的乡村治理问题也会不断延展：问题的存在是绝对的，问题的解决是相对的——得以解决的问题通过另一种形式表达出来，没有解决的问题提供给人们与之共生的相处之道。正是在这个过程中，人们的认识拾级登高，人类的思维得以演进升级，发展出更具延展性的理论。而这些理论面对现实所具有的效力究竟如何？要看它对经验世界的解释能力，要看它对经验世界产生的各种问题的解决能力，更要看它对经验世界产生的新问题，是否具有发展自己弹性的能力——对新产生的问题具有解释和解决的能力。这难道不正是马克思主义理论独具的魅力吗？

“三治”结合乡村治理体系是在新时代高质量经济发展、创新社会治理背景下催生出的社会治理理念、治理机制、治理技术。这一系列治理理念、机制、技术在面对现实社会问题时的解决效力究竟如何？取决于这种治理技术本身的特点和属性，取决于其所应对客观经济社会的资源条件、发展阶段、治理诉求，更取决于理论研究者和政策制定者的努力，使之更具广泛的包容性和普遍的解释力。诚然，现实无比复杂，而逻辑总是以相对简化的形式对现实进行把握，这让一些看上去具有解释力的理论显得无比脆弱。然而，转念视之，也正是因为现实的复杂性和理论的脆弱性让研究者永远看不到尽头：是否还有更好的总结和更深刻的解释　　这给了人们永远追求更好的答案的意义和希望。

有道无术，术尚可求也，有术无道，止于术。新时代“三治”结合乡村治理是一种将传统的自治、现代的法治、意识形态的德治结合在一起的治理技术。但不止于术，其优势更在于其所包含的精神和理念：新时代的中国人对于美好生活的向往——对于制度的现代化、文化的现代化以及人的现代化的向往和追求。它为经济社会注入目标、原则、价值和灵魂——什么是合理的价值，什么是值得追求的德性，什么是公正原则等。所有这些，给世界带来希望和理想，使我们的生活充满力量、信心和光芒。2022年10月党的二十大明确定义了中国式现代化：中国式现代化，是中国共产党领导的社会主义现代化，中国式现代化是人口规模巨大的现代化，是全体人民共同富裕的现代化，是物质文明和精神文明相协调的现代化，是人与自然和谐共生的现代化，是走和平发展道路的现代化。新时代"三治"结合乡村治理体系既为人民服务，也由人民建设。伟大的中国人民是社会主义现代化国家的建设者和受益者，新时代"三治"结合乡村治理体系是中国人民在走向现代化征程中实现中国式现代化治理相伴相生的制度设计，同时也是中国人在实现自身的现代化——人的现代化过程中的自我发现、自我塑造、自我超越。

与中国的乡土社会相伴而行，相较动辄千年的傲人历史，新时代的"三治"结合乡村治理体系只能算是一个新生的事物。历史的车轮滚滚向前，我们无法预测和揣度它的走向，无法说出是否还会有更具优势的"结合"、更具效能的"融合"，但我们可以确定的是我们有中国共产党的领导。在中华民族的无数至暗时刻，正是中国共产党勉力鼎起整个民族的浩荡百年，以其特有的蔚为宏大的共产主义情结独力扭转人民宿命和民族命运①。进入新时代，中华民族继续在中国共产党的正确领导下，继续阐释着深入骨髓的奋勇抗争精神，向着华夏祖先赋予的荣耀，向着重返人类文明之巅，一往无前。

我们是有着傲人历史、厚重文化底蕴的国家，在我们大踏步开启实现第二个百年奋斗目标新征程，朝着实现中华民族伟大复兴的宏伟目标不断前进的征途中，必须坚持以中国共产党为领导，以马克思主义为坚定信念，以共产主义必然实现为使命遵循。在可期的未来，我们的乡村事业必将振兴，我们的善治社会治理目标必将实现，中国特色社会主义必将更加繁荣富强。

---

① 李明，朱哲．红船首创精神的历史意蕴和当代价值［J］．南京政治学院学报，2018（2）：63-68.

参 考 文 献

本书编写组，2013. 全面深化改革辅导百问：认真学习十八届三中全会精神［M］. 北京：当代中国出版社 .

本书编写组，2022. 党的二十大报告辅导读本［M］. 北京：人民出版社 .

本书编写组，2022. 习近平的扶贫足迹［M］. 北京：新华出版社 .

本书编写组，2022. 中国共产党第二十次全国代表大会文件汇编［M］. 北京：人民出版社.

蔡成文，2018. 基层党组织与乡村治理现代化：基于乡村振兴战略的分析［J］. 理论与改革（3）.

蔡拓，等，1998. 市场经济与政治发展：转型时期的中国政治［M］. 福州：福建人民出版社 .

陈光金，1996. 中国乡村现代化的回顾与前瞻［M］. 长沙：湖南出版社 .

陈军亚，肖静，2022. 从“乡政村治”到“乡村治理”：政权建设视角下的农村基层政治变迁：对“乡政村治”框架的再认识［J］. 理论月刊（6）.

陈文胜，汪义力，2022. 乡村振兴背景下乡镇治理现代转型研究［J］. 农村经济（4）.

崔洁，2022. 科技创新赋能乡村治理现代化：何以可能与何以可为［J］. 大连海事大学学报（社会科学版）（1）.

崔元培，魏子鲲，薛庆林，2022. “十四五”时期乡村数字化治理创新逻辑与取向［J］. 宁夏社会科学（1）.

崔之元，1998. “混合宪法”与对中国政治的三层分析［J］. 战略与管理（3）.

党国英，2004. 中国农村的根本问题［J］. 华中师范大学学报（人文社会科学版）（12）.

党国英，2004. 中国乡村自治：现状、问题与趋势［J］. 江苏社会科学（4）.

党国英，2006. 废除农业税条件下的乡村治理［J］. 科学社会主义（1）.

党国英，2006. 论村民自治与社区管理［J］. 农业经济问题（2）.

党国英，2008. 我国乡村治理改革回顾与展望［J］. 社会科学战线（12）.

党国英，2015. 农村发展新态势下的挑战与机遇［N］. 光明日报，1-17（011）.

道格拉斯・诺斯，罗伯特・托马斯，2014. 西方世界的兴起［M］. 厉以平，蔡磊，译，北京：华夏出版社．

邓大才，2018. 走向善治之路：自治、法治与德治的选择与组合：以乡村治理体系为研究对象［J］. 社会科学研究（4）.

董筱丹，2021. 一个村庄的奋斗：1965—2020［M］. 北京：北京大学出版社．

段浩，2022. 乡村振兴战略背景下法治乡村建设的理论逻辑及其展开［J］. 西南民族大学学报（人文社会科学版）（8）.

费孝通，1986. 江村经济［M］. 南京：江苏人民出版社．

费孝通，2015. 乡土中国［M］. 北京：人民出版社．

费正清，1999. 美国与中国［M］. 张理京，译．北京：世界知识出版社．

费正清，2000. 伟大的中国革命（1800—1985）［M］. 刘尊棋，译．北京：世界知识出版社．

冯国权，刘军民，2016. 正圆中国梦：十八大以来党中央治国理政新理念新思想新战略深度解析［M］. 北京：东方出版社．

弗朗西斯·福山，2021. 身份政治：对尊严与认同的渴求［M］. 刘芳，译．北京：中译出版社．

何包钢，2008. 协商民主：理论、方法和实践［M］. 北京：中国社会科学出版社．

何阳、孙萍，2018. "三治合一"乡村治理体系建设的逻辑理路［J］. 西南民族大学学报（人文社会科学版）（6）.

何增科，2007. 公民社会与民主治理［M］. 北京：中央编译出版社．

贺树月，李媛媛，2022. 三治融合背景下村规民约的德治功能研究：以浙江何斯路村为例［J］. 山东农业大学学报（社会科学版）（1）.

贺雪峰，1999. 村民自治的功能及其合理性［J］. 社会主义研究（6）.

贺雪峰，2002. 论村庄社会关联［J］. 中国社会科学（1）.

贺雪峰，2003. 新乡土中国：转型期乡村社会调查笔记［M］. 桂林：广西师范大学出版社．

贺雪峰，2004. 村庄研究的若干层面［J］. 中国农村观察（3）.

贺雪峰，2004. 村庄政治社会现象排序研究［J］. 甘肃社会科学（4）.

贺雪峰，2004. 论农村政策基础研究［J］. 学习与探索（5）.

贺雪峰，2005. 乡村治理研究的三大主题［J］. 社会科学战线（1）.

贺雪峰，2005. 中国乡村治理：结构与类型［J］. 经济社会体制比较（3）.

贺雪峰，2006. 公私观念与农民行动的逻辑［J］. 广东社会科学（1）.

贺雪峰，2006. 论农村公共物品供给中的均衡［J］. 经济学家（1）.

贺雪峰，2006. 私人生活与乡村治理研究 [J]. 读书 (11).

贺雪峰，2007. 农民行动逻辑与乡村治理的区域差异 [J]. 开放时代 (1).

贺雪峰，2007. 试论二十世纪中国乡村治理的逻辑 [J]. 中国乡村研究 (辑刊).

贺雪峰，2007. 乡村治理研究的进展 [J]. 贵州社会科学 (6).

贺雪峰，2007. 乡村治理研究的现状与前瞻 [J]. 学习与实践 (8).

贺雪峰，2008. 农民价值观的类型及相互关系 [J]. 开放时代 (3).

贺雪峰，2010. 论农村基层组织的结构与功能 [J]. 天津行政学院学报 (6).

贺雪峰，2010. 乡村社会关键词 [M]. 济南：山东人民出版社.

贺雪峰，2012. 组织起来：取消农业税后农村基层组织建设研究 [M]. 济南：山东人民出版社.

贺雪峰，2016. 村庄政治与善治 [J]. 云南行政学院学报 (6).

贺雪峰，2016. 乡村治理的制度选择 [J]. 武汉大学学报 (2).

贺雪峰，2017. 谁的乡村建设：乡村振兴战略的实施前提 [J]. 探索与争鸣 (12).

贺雪峰，2017. 乡村治理现代化：村庄与体制 [J]. 学海 (10).

贺雪峰，2017. 治村 [M]. 北京：北京大学出版社.

贺雪峰，2018. 城乡二元结构视野下的乡村振兴 [J]. 北京工业大学学报 (社会科学版) (1).

贺雪峰，2018. 城乡二元结构是保持中国社会结构弹性的关键 [N]. 社会科学报，11—8 (3).

贺雪峰，2018. 改革开放以来国家与农民关系的变迁 [J]. 南京农业大学学报 (社会科学版) (11).

贺雪峰，2018. 实施乡村振兴战略要防止的几种倾向 [J]. 中国农业大学学报 (社会科学版) (6).

贺雪峰，2018. 乡村治理 40 年 [J]. 华中师范大学学报 (11).

贺雪峰，2021. 监督下乡：中国乡村治理现代化研究 [M]. 南昌：江西教育出版社.

侯宏伟、马培衢，2018. “自治、法治、德治”三治融合体系下治理主体嵌入型共治机制的构建 [J]. 华南师范大学学报 (社会科学版) (6).

胡洪彬，2017. 乡镇社会治理中的“混合模式”：突破与局限 [J]. 浙江社会科学 (12).

吉尔伯特・罗兹曼，2010. 中国的现代化 [M]. 国家社会科学基金“比较现代化”课题组，译. 南京：江苏人民出版社.

加藤节，2003. 政治与人 [M]. 唐士其，译. 北京：北京大学出版社.

卡尔・波兰尼，2017. 巨变：当代政治与经济的起源 [M]. 黄树民，译，北京：社会科学文献出版社．

科恩，2004. 论民主［M］. 聂崇信，朱秀贤，译．北京：商务印书馆．

郎友兴，2015. 走向总体性治理：村政的现状与乡村治理的走向［J］. 华中师范大学学报（人文社会科学版）(2).

李建伟，2020. 我国乡村治理创新发展研究［M］. 北京：人民出版社．

李玲玲，杨欢，赵晓峰，2022. “三治融合”中乡村治理共同体生成机制研究：以陕西省留坝县为例［J］. 西南大学学报（社会科学版）(3).

李亚冬，2018. 新时代“三治结合”乡村治理体系研究回顾与期待［J］. 学术交流(12).

廖慧勤，2022. 建构乡村社会治理共同体的境遇与选择［J］. 理论导刊 (1).

林耀华，1999. 金翼：中国家族制度的社会学研究［M］. 北京：北京三联书店．

林耀华，2000. 义序宗族研究［M］. 北京：北京三联书店．

刘红，2022. 乡村振兴背景下农村公共文化服务体系建设研究［J］. 社会科学战线 (3).

刘建军，2000. 单位中国：社会调控体系重构中的个人、组织与国家［M］. 天津：天津人民出版社．

刘儒，2019. 乡村善治之路：创新乡村治理体系［M］. 郑州：中原农民出版社．

刘守英，2018. 乡村现代化的战略［J］. 经济理论与经济管理 (2).

刘守英，2018. 中国乡村治理的制度与秩序演变：一个国家治理视角的回顾与评论［J］. 农业经济问题 (9).

卢跃东，2014. 构建“法治、德治、自治”基层社会治理模式［J］. 红旗文稿 (24)．

陆学艺，2002. 当代中国社会阶层研究报告［M］. 北京：社会科学文献出版社．

吕德文，2021. 大国底色：巨变时代的基层治理［M］. 北京：东方出版社．

吕洁，2021. 中国乡村社会治理模式研究［M］. 北京：中国社会科学出版社．

罗伯特·达尔，1987. 现代政治分析［M］. 王沪宁，译．上海：上海译文出版社．

罗伯特·达尔，1999. 论民主［M］. 李柏光，林猛，译．北京：商务印书馆．

马良灿，2014. 中国乡村社会治理的四次转型［J］. 学习与探索 (9).

慕良泽，2019. “三治结合”乡村治理体系的渊源与趋向［J］. 山西农业大学学报（社会科学版）(12).

潘小娟，2004. 中国基层社会的重构：社区治理研究［M］. 北京：中国法制出版社．

乔·萨托利，2009. 民主新论［M］. 冯克利，阎克文，译．上海：上海人民出版社．

乔运鸿，2017. 乡村治理：从二元格局到农村社会组织的参与［M］. 北京：中国社会出版社．

邱春林，2022. 新时代乡村治理体系现代化的路径选择［J］. 中南民族大学学报（人文社会科学版）(6).

任仲文，2014. 学习习近平总书记系列讲话精神［M］. 北京：人民日报出版社.

塞缪尔·亨廷顿，1998. 第三波：20世纪后期民主化浪潮［M］. 刘军宁，译. 上海：上海三联出版社.

沈延生，1998. 村政的兴衰与重建［J］. 战略与管理（6）.

沈延生，2003. 中国乡治的回顾与展望［J］. 战略与管理（1）.

十八大报告文件起草组，2012. 十八大报告辅导读本［Z］. 北京：人民出版社.

石森森，张迪迪，徐祖迎，2022. 乡村振兴战略背景下创新乡村治理体系研究［J］. 齐齐哈尔大学学报（哲学社会科学版）(7).

时和兴，1996. 关系、限度、制度：政治发展过程中的国家与社会［M］. 北京：北京大学出版社.

苏力，2000. 送法下乡［M］. 北京：中国政法大学出版社.

孙津，2004. 中国农民与中国现代化［M］. 北京：中央编译出版社.

仝志辉，2021. 中国乡村治理体系构建研究［M］. 武汉：华中科技大学出版社.

仝志辉，2022. 农村基层干部一线工作一本通［M］. 北京：东方出版社.

仝志辉，贺雪峰，2002. 村庄权力结构的三层分析［J］. 中国社会科学（1）.

托克维尔，2004. 论美国的民主［M］. 张晓明，编译. 北京：商务印书馆.

王沪宁，1991. 当代中国村落家庭文化［M］. 上海：上海人民出版社.

王沪宁，1994. 政治的逻辑——马克思主义政治学原理［M］. 上海：上海人民出版社.

王铭铭，1997. 村落视野中的文化与权力：闽台三村五论［M］. 北京：北京三联书店.

王少伯，2020. 新时代乡村治理现代化研究［D］. 北京：中共中央党校.

王少伯，2021. 新时代乡村治理现代化研究［M］. 北京：知识产权出版社.

王微，2020. 新时代乡村治理体系构建研究［D］. 长春：东北师范大学.

王亚南，1981. 中国官僚政治研究［M］. 北京：中国社会科学出版社.

王滢涛，2021. 中国特色乡村治理体系现代化研究［M］. 上海：上海社会科学院出版社.

温铁军，2001. 百年中国——一波四折［J］. 读书（3）.

文一，2016. 伟大的中国工业革命［M］. 北京：清华大学出版社.

翁鸣，2022. 农村党建与乡村治理［M］. 北京：中国农业出版社.

吴理财，杨刚，2018. 新时代乡村治理体系重构：自治、法治、德治的统一［J］. 云南行政学院学报（4）.

吴毅，1998. 村治中的政治人：一个村庄村民公共参与和公共意识的分析［J］. 战略与管理（1）.

武力，2015. 乡村社会治理结构的四次变革［J］. 国家治理（4）.

项继权，2008. 中国乡村治理的层级及其变迁：兼论当前乡村体制的改革［J］. 开放时代（3）.

肖唐镖，2014. 近十年我国乡村治理的观察与反思［J］. 华中师范大学学报（人文社会科学版）（11）.

徐婧，2022."三治融合"乡村治理体系的"法治"进路［J］. 华中农业大学学报（社会科学版）（1）.

徐伟明，2022. 变动中的乡村：延安时期乡村社会的秩序再造［J］. 理论月刊（1）.

徐湘林，2003."三农"问题困扰下的中国乡村治理［J］. 战略与管理（4）.

徐勇，1997. 中国农村村民自治［M］. 武汉：华中师范大学出版社.

徐勇，2002. 县政、乡派、村治：乡村治理的结构性转换［J］. 江苏社会科学（3）.

徐勇，2003. 乡村治理与中国政治［M］. 北京：中国社会科学出版社.

徐勇，2013. 中国家户制传统与农村发展道路：以俄国、印度的村社传统为参照［J］. 中国社会科学（8）.

徐勇，项继权，2003. 村民自治进程中的乡村关系［M］. 武汉：华中师范大学出版社.

徐勇、贺雪峰，2002. 村治研究的共识与策略［J］. 浙江学刊（1）.

阳斌，2020. 新时代中国共产党乡村治理研究［D］. 成都：西南交通大学.

杨海莺，2020. 近年来国内关于构建"三治结合"乡村治理体系的研究综述［J］. 社会科学动态（5）.

杨开峰，2016. 桐乡"三治"实践的解读［J］. 党政视野（7）.

杨嵘均，2014. 乡村治理结构调试与转型［M］. 南京：南京师范大学出版社.

杨善华，2000. 家族政治与农村基层政治精英的选拔、角色定位和精英更替：一个分析框架［J］. 社会学研究（3）.

殷铬，2022. 自治、法治、德治的关系及整体效应［J］. 中共郑州市委党校学报（1）.

殷烁，2018. 中国特色社会主义乡村治理中社会组织的生长逻辑［D］. 武汉：武汉理工大学.

尹利民，2022. 中国乡村治理的结构性转换与治理体系塑造［J］. 甘肃社会科学（1）.

尤尔根·哈贝马斯，2004. 交往与社会进化［M］. 张博树，译. 上海：上海人民出版社.

于建嵘，等，2007. 农民组织与新农村建设：理论与实践［M］. 北京：中国农业出版社.

俞可平，2000. 治理与善治［M］. 北京：社会科学文献出版社.

俞可平，2002. 中国公民社会的兴起与治理的变迁［M］. 北京：社会科学文献出版社.

郁建兴，等，2013. 从行政推动到内源发展：中国农业农村的再出发［M］. 北京：北京师范大学出版社.

郁建兴，任杰，2018. 中国基层社会治理中的自治、法治与德治［J］. 学术月刊（12）.

袁方成，2018. 从分治到融合：中国乡村治理体系之变［J］. 中央社会主义学院学报（10）.

詹姆斯・博曼，2006. 公共协商：多元主义、复杂性与民主［M］. 黄相怀，译. 北京：中央编译出版社.

詹姆斯・博曼，威廉・雷吉，2006. 协商民主：论理性与政治［M］. 陈家刚，等，译. 北京：中央编译出版社.

张丙宣、苏舟，2016. 乡村社会的总体性治理：以桐乡市的“三治合一”为例［J］. 中共杭州市委党校学报（3）.

张波，李群群，2022. 乡村文化治理的行动逻辑与机制创新［J］. 山东社会科学（3）.

张静，2015. 法团主义［M］. 北京：东方出版社.

张四灿，张云，2022. 乡村振兴战略背景下乡村治理的绩效评价体系研究［J］. 云南民族大学学报（哲学社会科学版）（3）.

张天佐，2018. 强化“三治”结合：健全乡村治理体系［J］. 农村工作通讯（8）.

张文显，徐勇等，2018. 推进自治法治德治融合建设，创新基层社会治理［J］. 国家治理（6）.

张仲礼，1991. 中国绅士：关于其在十九世纪中国社会中作用的研究［M］. 上海：上海社会科学院出版社.

赵树凯，2013. 县乡政府治理的危机与变革：事权分配和互动模式的结构性调整［J］. 学术前沿（11）.

赵秀玲，2019. 乡村民主治理：理念与路径［M］. 北京：中国社会科学出版社.

郑济洲，郭志成，2021. 农村基层党组织领导“三治结合”乡村治理体系研究述评［J］. 福建省社会主义学院学报（5）.

郑卫东，2013.“双轨政治”转型与村治结构创新［J］. 复旦学报（社会科学版）（1）.

郑晓华，沈旗峰，2015. 德治、法治与自治：基于社会建设的地方治理创新［J］. 马克思主义与现实（4）.

中共中央文献研究室，2014. 习近平关于全面深化改革论述摘编［M］. 北京：中央文献出版社.

中共中央宣传部，2016. 习近平总书记系列重要讲话读本（2016 年版）[M]. 北京：学习出版社，人民出版社.

中共中央宣传部，2019. 习近平新时代中国特色社会主义思想学习纲要 [M]. 北京：学习出版社，人民出版社.

钟海，2021. "三治"融合基层社会治理创新研究 [M]. 北京：中国社会科学出版社.

周飞舟，2006. 从汲取型政权到"悬浮型"政权：税费改革对国家与农民关系之影响 [J]. 社会学研究（3).

周倩倩，郑兴明，2022. "三治融合"下农民获得感提升的困境、动因及路径选择 [J]. 山东农业大学学报（社会科学版)，93（02).

周天勇，卢跃东，2014. 构建"德治、法治、自治"的基层社会治理体系 [J]. 西部大开发（9).

周学馨、李龙亮，2019. 以"三治"结合推动乡村治理体系整体性变革 [J] 探索（4).

朱政，2022. "三治融合"乡村治理体系探索：以"积分制"治理为素材 [J]. 湖北民族大学学报（哲学社会科学版)（10).

Bessette，Joseph M，1994. The Mild Voice of Reason：Deliberative Democracy & American National Government [M]. Chicago：The University of Chicago Press.

Dahl • Robert，1989. Democracy and Its Critics. New Haven [M]. CT：Yale University Press.

Dryzek'John，2000. Deliberative Democracy and Beyond：Liberals，Critics，Contestations [M]. Oxfod：Oxfod University Press.

Fontana Benedetto，Gary Remer，2004. Talking Democracy：Historical Perspectives on Rhetoric and Democracy [M]. University Park：Pennsylvania State University Press.

John Dry Zek，2000. Deliberative Demoeracy and Beyond [M]. Oxford：Oxford University Press.

John Dry Zek，1999. Discursive Democracy [M]. Cambridge：Cambridge University Press.

Pateman，1970. Participation and Democratic Theory [M]. Cambridge：Cambridge University Press.

附录一：桐乡“三治”建设指标

项目	评分标准	分值	评分细则	自评分	考评分
一、“三治融合”基本要求	1. 建立“一约两会三团”	/	未达到基本要求，不得参与评选		
	2. 平安村（社区）	/			
	3. 市级以上民主法治村（社区）	/	未达到要求，不得参与示范评选		
二、组织领导坚强有力（10分）	4. 村（社区）党组织注重自身建设，领导核心作用明显，班子团结，工作制度健全	2	社区党组织班子不团结，核心作用不明显不得分；工作制度不健全的扣1分		
	5. 村（社区）党组织应加强规范化建设，充分发挥村（社区）党组织的战斗堡垒作用	2	没有开展的不得分；星级评定没有达到“三星”以上的，扣1分		
	6. 建立村（社区）党务、事务、财务公开民主管理制度，有固定的公开栏，按要求搞好党务、事务、财务公开，达到民主管理规范化建设标准	2	党务、事务、财务未按要求公开的不得分；没有达到规范化建设标准的扣1分		
	7. 制定“三治”建设工作具体计划，落实专人负责	2	未制订计划扣1分；未落实专人扣1分		
	8. 党组织建在网格上，确保每个网格有一名党员网格员	2	未建立网格党组织扣1分；未配备党员网格员扣1分		
三、自治活力有效释放（25分）	9. 严格执行《嘉兴市基层群众自治组织依法履行职责事项》37项和《嘉兴市基层群众自治组织依法协助政府工作事项》40项两份清单	3	未经审核纳入事项的，每发现1项扣0.5分		
	10. 村（居）民（代表）会议制度健全，社会公共事务和公益事业均通过利益相关方协调解决	3	每发现1项未落实扣1分		

（续）

项目	评分标准	分值	评分细则	自评分	考评分
三、自治活力有效释放（25分）	11. 坚持"五议两公开"，村（社区）重大事项按照"党员群众建议、村（社区）党组织提议、村（居）务联席会议商议、党员大会审议、村（居）民（代表）会议决议和表决结果公开、实施情况公开"的程序进行决策实施	3	重大事项未落实"五议两公开"的，每发现1项扣1分		
	12. 有效发挥自治章程、村规民约、社区公约作用	3	未及时修订的扣1分；适用性不强的扣1分；未抓宣传实施的扣1分		
	13. 村（社区）社会组织培育良好，建立登记管理和备案制度，活动经常，作用发挥明显，村社会组织不少于10家，社区社会组织不少于18家	3	没有建立制度的，扣1分；登记备案不规范的，扣1分；少于目标的，扣1分		
	14. 百姓议事会、百事服务团、群防群治志愿者队伍等自治组织作用发挥良好	4	未开展的，每项扣1分；作用发挥不明显的，每项扣1分		
	15. 建立健全"三社联动"机制，村（社区）设置"三社联动"宣传栏	3	"三社联动"机制未达到市要求的扣2分，未设置"三社联动"宣传栏的扣1分		
	16. 最大限度整合和利用基层资源，将"两代表一委员"、老干部、党（团）员、"大学生村官"等各类资源融入网格，通过发挥全科网格作用，充分调动群众参与社会治理的主动性和积极性	3	队伍未整合到位的扣2分；参与治理成效不明显的，扣2分		
四、法治思维深入人心（25分）	17. 建立村级"小微权力清单""监督责任清单"	3	未建立的，分别扣1分；监督不到位的，扣1分		
	18. 积极推进民主法治村（社区）创建	5	市级的得1分；省级的得3分；全国级的得5分		
	19. 开展"宪法入户"活动，宪法宣传达标率100%	3	抽查10户，每少一户扣0.5分		

（续）

项目	评分标准	分值	评分细则	自评分	考评分
四、法治思维深入人心（25分）	20. 组织村（社区）“两委”干部每年集中学法不少于4次，组织村（居）民代表等骨干每年集中学法不少于2次	3	每少一次扣0.5分		
	21. 利用公共广场、学校等公共场所建立法治文化阵地。农村室外阵地面积300平方米以上，城市社区室外面积200平方米以上	4	阵地建设不达标的，每项扣1分		
	22. 开展“法治带头人”“法律明白人”“尊法学法守法用法示范户”等评选活动	2	未开展的，不得分		
	23. 法律服务团开展各类服务活动，作用明显	2	未开展的，不得分；作用发挥不明显的扣1分		
	24. 法律顾问、“三官一师”等在村级事务管理、服务村民过程中作用发挥明显	3	未开展工作的，每项扣1分；作用发挥不明显的扣1分		
五、道德风尚不断提升（25分）	25. 每年开展社会主义核心价值观宣传教育活动	3	未开展的，不得分		
	26. 开展传承弘扬好家风好家训等主题实践活动	2	未开展评选的，不得分；评选后，宣扬不到位的，扣1分		
	27. 乡贤参事会作用发挥明显	2	未开展工作的，不得分；作用发挥不明显的扣1分		
	28. 广泛开展身边好人、好婆媳、新时代好少年等评选评议活动	2	未开展评选的，不得分；评选后，宣扬不到位的，扣1分		
	29. 开展“五员队伍”建设，培育“宣传文化员、志愿服务员、专家指导员、政策宣讲员、文艺辅导员”并有效发挥作用	2	未开展工作的，不得分；作用不明显的，扣1分		

（续）

项目	评分标准	分值	评分细则	自评分	考评分
五、道德风尚不断提升（25分）	30. 开展"我们的春晚"、村歌大赛、文化走亲等各类文化惠民活动，传播正能量	2	未开展工作的，不得分；作用不明显的，扣1分		
	31. 依托道德评判团，广泛设立"道德红黑榜""善行义举榜""道德点评台""曝光栏"等，定期开展评判活动	2	未设立的，不得分		
	32. 广泛开展"文明家庭""最美家庭""平安家庭"等系列评选，社区在楼道口进行集中亮牌公开，农村在每户家门前进行亮牌公开	5	未开展的，不得分；未亮牌公开的，扣1分		
	33. 加强移风易俗工作，重点实施"垃圾不落地、出行讲秩序、办酒不铺张、邻里讲和睦"等文明行动，推动社会新风正气	5	组织不到位的，扣1分；效果不明显的，扣1分；被县级以上媒体曝光的，每起扣1分		
六、民生福祉日益增进（15分）	34. 村（社区）治安良好，突发性治安案事件得到及时处置，重大治安问题、刑事案件和火灾隐患得到有效处置	5	每发生一起刑事案件、火灾事故扣1分		
	35. 无"民转刑、民转非访"事件发生	4	每发生一起扣2分		
	36. 无村（民）参与邪教组织、传销组织、黄赌毒行为	2	每发生一起扣2分		
	37. 人民调解组织化解矛盾纠纷成功率98%以上	2	化解矛盾纠纷成功率未达到要求的，扣1分		
	38. "三治融合"典型做法受到县（市、区）以上领导肯定	2	县级得1分，市级以上得2分		

附录二：桐乡“三治”组织载体图

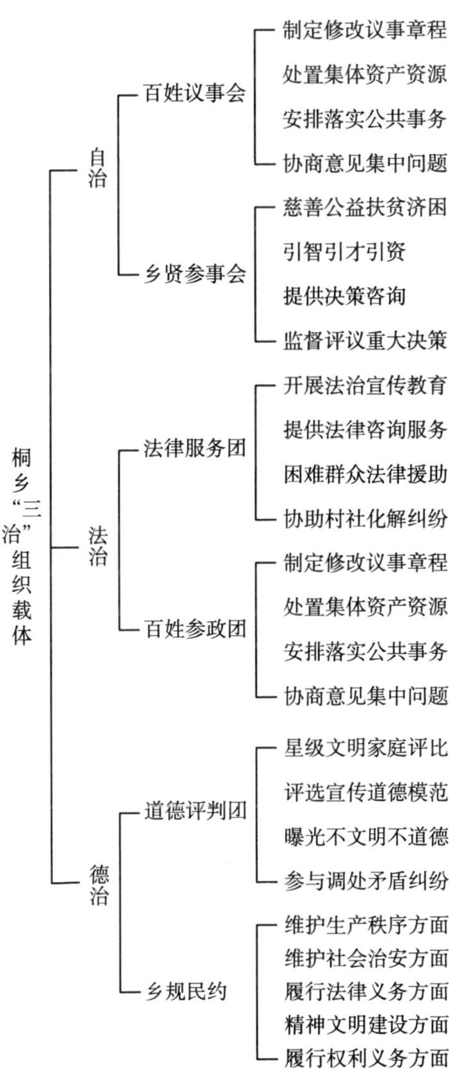

附录三：下乡调研访谈提纲

一、村干部访谈提纲

问题一：当前乡村治理面临的突出问题。

问题二：乡村法治建设成果、挑战。

问题三：基层党组织开展乡村治理工作看法。

问题四：乡村自治、法治、德治建设现状及问题。

二、村民访谈提纲

问题一：当前迫切需要解决的乡村治理问题。

问题二：对村委会、村支部开展治理工作的看法。

问题三：村民自治开展效果。

三、农村党员访谈提纲

问题一：村支部发挥党的领导作用效果。

问题二：党员在乡村治理中的作用。

问题三：存在的主要问题。

问题四：对当下农村自治、法治、德治工作开展的看法。

后 记

自古以来就有两个社会：城市和农村。农村社会依靠根深蒂固的行为准则塑造了世界上最古老而又最牢固不变的社会现象，使生活困苦的农民维持一种高度文明的生活①。作为华夏文明的源点，乡土中国，平凡又伟大，深邃又浩大，书写了让无数研究者、实干家前赴后继的宏伟史诗——回顾中国近现代社会发展的历程：新民主主义革命时期的土地革命、抗日战争、新中国的社会主义改造、新时期的改革开放、新世纪的国家建设、新时代的乡村振兴，无论战争抑或建设，革新抑或发展，农民和农村社会从不曾缺席任何一段史诗般的旅程。农村是中国近现代化的源头，是中国社会亿万人生命寄托之所在。在现代化的浪潮下，农村属实衰退了，但它早已融入了亿万人的生命履历中，铭刻在整个民族的记忆里②。

农村是中国研究不可回避的主题——研究农村就是研究中国。想要了解中国就要研究农村，想要了解中国现代化的走向就要研究农村问题的源起。研究农村就要研究中国的历史和文化，就要研究中国的革命与崛起，就要研究中国的经济和社会，就要研究太多浩如烟海的知识和理论。乡村治理无疑是个宏大的主题——这一主题无时无刻不与中华民族的伟大崛起为旨归和方向。回望整个民族近代以来逆流而上的历史，乡村治理这一主题与中国近现代历史中的伟大变革、马克思主义中国化的伟大飞跃紧密结合，让我们得以从更宏观和立体的角度，见证中国在现代化征程中的不屈与伟大，见证中国共产党的力量与伟大，见证中国共产党是如何带领着这个忍辱负重、团结一心的民族砥砺前行，从站起来到富起来再到强起来，从一个积贫积弱的民族

① 费正清．美国与中国［M］．张理京，译．北京：世界知识出版社，2015：21.

② 张乐天．告别理想：人民公社制度研究［M］．上海：上海人民出版社，2016.

走向世界舞台的中央。

本书是吉林省教育厅课题“吉林省‘三治’结合乡村治理体系研究”（项目编号：JJKH20230417SK）的研究成果，本书的出版得到了吉林农业科技学院科技处出版经费资助，在此对吉林省教育厅和吉林农业科技学院一并表示感谢。

本书由李明、张丽薇、张月等三人合作完成。李明负责拟定全书写作提纲，组织开展调查研究，撰写了第一章、第二章、第三章、第五章、第六章、第七章，张月撰写了第四章第一节，张丽薇撰写了第四章第二节。

本书虽经数次修改和校正，但仍存在诸多不足之处，祈望专家学者和广大读者不吝赐教，非常感谢！

2023 年 1 月

图书在版编目（CIP）数据

"三治"结合：新时代中国乡村治理体系研究 / 李明，张丽薇，张月著. —北京：中国农业出版社，2023.3

（读懂乡村中国系列丛书）

ISBN 978-7-109-30573-1

Ⅰ.①三… Ⅱ.①李… ②张… ③张… Ⅲ.①农村—群众自治—研究—中国 Ⅳ.①D638

中国国家版本馆 CIP 数据核字（2023）第 060006 号

中国农业出版社出版

地址：北京市朝阳区麦子店街 18 号楼

邮编：100125

责任编辑：王秀田

版式设计：王　晨　　责任校对：吴丽婷

印刷：北京中兴印刷有限公司

版次：2023 年 3 月第 1 版

印次：2023 年 3 月北京第 1 次印刷

发行：新华书店北京发行所

开本：700mm×1000mm　1/16

印张：12

字数：190 千字

定价：68.00 元
